1미터 개인의 간격

한 그루의 나무가 모여 푸른 숲을 이루듯이
청림의 책들은 삶을 풍요롭게 합니다.

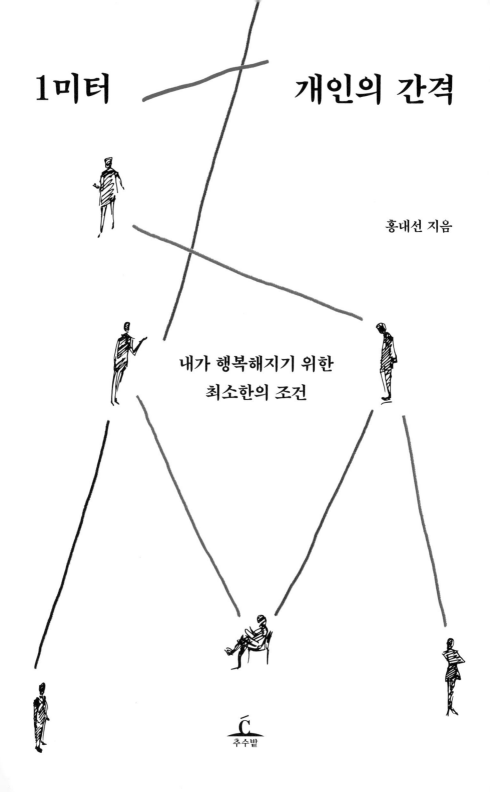

1미터 개인의 간격

홍대선 지음

내가 행복해지기 위한
최소한의 조건

추수밭

"분노를 키우지 말고 그저 이해하라.
그 노력이 미덕의 처음이자 전부다."

바뤼흐 스피노자

1미터로의 초대

인간은 태어난 순간부터 죽음을 향해 일직선으로 전진합니다. 이 선은 매우 짧습니다. 수학에서는 점이 모인 것을 선이라고 하지요. 우리는 행복이라는 점을 되도록 많이 찍으며 인생의 선이 그어지기를 바랍니다.

그러나 다급한 나머지 점은 자꾸만 선 밖으로 빗나갑니다. 잉크는 엉뚱한 곳으로 번집니다. 우리는 사는 내내 당황하고, 방황합니다. 인생에 경력자란 없습니다. 자람도 젊음도 늙음도 모두 첫 경험입니다. 누구에게나 첫 번째 생이기에 인간은 모두 삶의 초보자이며, 돌이킬 수 없는 마지막 생이기에 누구나 공포를 느낍니다. 공포가 쌓이면 불행이 됩니다.

나는 구체적으로 누구인가? 왜 존재하는가?

어떻게 살아야 하는가?

행복한 삶이란 무엇인가? 현명한 삶이란 무엇인가? 나는 불행에서 벗어날 수 있는가?

내 마음속의 사랑과 미움을 어떻게 다뤄야 하는가?

선과 악이란 무엇인가? 과연 착하게 살아야 하는가?

인류가 수없이 되뇌어온 식상한 질문들입니다. 그러나 여전히 그리고 영원히 빠져나올 수 없는 의문입니다. 식상해진 이유는 명쾌히 답이 내려진 적이 드물기 때문입니다. 더욱이 삶은 우리에게 정성껏 답안을 작성해볼 여유를 주지 않습니다.

하지만 삶 속에서 고뇌를 마친 이들이 있습니다. 우리는 그들을 철학자라고 부릅니다. 독자 여러분을 위해, 또 글쓴이인 제 자신을 위해 지상에서 삶을 살다 간 철학자들 중에서 바뤼흐 스피노자 Baruch Spinoza라는 단단한 보석을 꺼내보려고 합니다. 스피노자는 제가 만난 가장 냉담한 멘토입니다. 싸늘함 뒤에는 지금의 고단함을 살아내는 우리에게 건네는 빛나는 앎이 있습니다.

스피노자는 현대적 개인의 발명자입니다. 그는 개인의 권리와 존엄을 끝까지 실험해 보았습니다. 실험 재료로는 가장 가까운 사람인 자기 자신을 사용했습니다. 한편 우리는 사회적 동물로 태어나 함께 살아갈 수밖에 없는 존재입니다. 스피노자는 현대 민주주의 사회의 밑그림을 처음으로 그린 철학자이기도 합니다.

이 책의 내용은 철학자 바뤼흐 스피노자의 삶과 사상을 글쓴이가 연구하고 이해한 방식으로 풀어낸 결과입니다. 저는 스피노자를 반경 1미터 안팎의 세계로 정리하기로 했습니다.

이 프롤로그는 초청장입니다. 1미터의 세계에 독자 여러분을 모십니다. 스피노자도 1미터도 영 생소하지만 이미 독서는 시작되있으니, 우리는 다음 페이지를 넘겨보도록 합시다.

글을 쓰고 지우기를 반복한
집, 커피숍, 친구의 사무실에서
홍대선 드림

들어가는 글

행복은 1미터의 기술이다

이 책은 올바름과 숭고함을 이야기하지 않는다. 독자들을 도덕적으로 훈계할 생각도 없다. 그저 읽는 이의 행복만 이야기할 것이다. 이제 행복을 위해 찬찬하게 자신만의 고유한 영토를 그려보자. 그리고 대략 1미터 지점을 눈앞에 찍어보자. 내 몸을 중심으로 삼아 이 점을 360도 돌리면 머릿속에 반경 1미터의 동그라미가 그려진다. 동그라미 안의 면적은 우주로부터 상속받은 나만의 영지다. 내가 지켜내야 할 보물이 모두 이 안에 있다. 정체성, 존엄성 그리고 행복해질 권리 등이다. 애석하게도 슬픔과 분노도 반경 1미터 안에 도사린 채 꿈틀거린다.

개인의 고통도 불안도, 그 반대도 1미터의 길이에 수놓여 있다.

화장실에서 거울을 볼 때, 그 거리는 대략 1미터다. 자기 자신을 똑바로 직시할 수 있는 사람은 행복에 보다 쉽게 다다를 수 있다. 스스로를 사랑하지 않으면 남도 사랑할 수 없고, 남에게 사랑받을 수도 없다. 1미터는 내가 나를 바라보는 거리다.

반경 1미터는 우리가 고유한 자기 자신으로 살아가기 위해 세상과 남의 침범을 막아내야 하는 거리다. 1미터는 주먹을 뻗으면 닿는 거리다. 권투선수는 상대가 그 1미터 안에 함부로 들어오지 못하도록 무수한 땀방울을 흘린다. 주먹을 쥐면 반경 1미터는 단단한 성벽이 된다. 그러나 주먹을 뻗은 상태에서 손을 펴면 악수를 할 수 있다. 이때 손은 반경 1미터의 안과 밖을 연결하는 문이 된다.

우리는 사회적 동물로 태어났다. 사회에서 좌절하고 고통받지만, 사회의 일원이 아닌 채로 살기란 더욱 고통스럽다. 우리가 인간인 이상 경치 좋은 무인도보다는 각박한 사회가 낫다. 고통이되 불가피한 고통을 준다는 점에서 사회는 부조리하다. 우리는 여기서 살아갈 수밖에 없다.

1미터는 두 사람이 앉아서 마주 볼 때 가장 자연스러운 거리다. 한 사람은 존재지만 두 사람부터는 관계다. 사회는 두 사람에서부터 시작한다.

1미터는 한 발짝 가볍게 뛰는 거리다. 견고한 개인에게는 가까운 거리지만 완고한 개인에게는 세상에서 가장 먼 거리다. 인간은 남에게 사랑받기 위해서는 자신도 남을 사랑해야 한다는 불편함을 숙제로 갖고 태어났다.

1미터는 또한 숨이 닿기까지의 거리다. 타인은 지옥이라서 숨소리조차 듣기 싫어 괴로운 거리도, 혼자서는 괴로워 간절하게 서로의 체온을 갈구하는 거리도 1미터다.

나의 1미터 안은 과연 어떤 성분으로 채워져 있을까? 같은 크기의 집을 나무로도 지을 수 있고 혹은 돌로도 만들 수 있다. 반면 같은 재료로도 전혀 다른 용도의 시설을 만들 수 있다. 반경 1미터 안을 채운 내용물은 사람마다 다르지만 기본이 되는 질료는 하나다. 바로 욕망이다. 행복의 정도는 욕망의 충족과 욕망의 결핍 두 가지로 이루어진다.

행복의 양을 늘리는 것.
불행의 양을 줄이는 것.

둘은 표현만 다른 같은 말이자, 결국엔 모두 '행복해지는 법'이라고 부를 수 있다.

행복은 엄숙한 수련의 결과가 아니다. 선량함과 절제력의 양으로 결정되지도 않는다. 행복해지는 법은 기술이다. 또한 철학에서는 행복해지는 법을 윤리학이라고 한다. 윤리학이란 '착해지는 길'이라는 믿음은 우리 사회의 깊고 오래된 착각이다. 윤리학은 진지한 자기수행도, 좋은 말들을 암기하는 노력도 아니다.

개인이 행복해지고 사회가 건전해지려면, 우리 사회의 윤리학에 지저분하게 낀 기름때를 걷어내는 것이 좋다. 기름때는 바로 애써 착해지려는 관념과 도덕적 의무감이다. 기술은 무미건조하지만, 기술이기에 단순명쾌하다.

기술은 그 숙련도에 따라 초급, 중급, 상급처럼 단계를 두곤 한다. 물질적 기술은 각 단계를 수련하는 데 일정한 시간이 든다. 요리, 용접, 컴퓨터 프로그램 사용법 등에는 훈련과 경험이 필요하다. 그런데 철학적 기술은 단 몇 분 만에 완성할 수 있다. 반면 어떤 사람은 평생에 걸쳐 고민해도 결국 이해하지 못한다.

자신의 1미터 반경의 경계를 둘러보자. 그 안은 오롯이 독립된 세계다. 이 사실을 아는 것만으로 우리는 벌써 행복해지는 법의 초급에 도달해 있다.

1장 **가깝고도 먼 1미터**

2장 **세상에서 가장 외로운 1미터**

3장 세상에서 가장 단순한 1미터

4장 세상에서 가장 단단한 1미터

7장 그리고 나가는 글 세상에서 가장 가까운 1미터

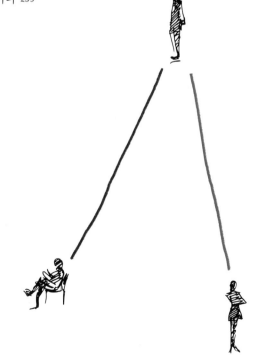

1장

가깝고도 먼 1미터

"나는 이미 존재하는 종교를 훼방
놓지 않고 철학을 이야기하는 법을
알지 못한다."

스피노자 Baruch Spinoza

연애는 1미터 거리에서 서로를 마주 보는 행위다. 마주 보는 거리는 가깝고도 멀다. 지금부터 이 책은 연애 이야기로 시작된다. 연애는 보통 두 사람이 서로를 자유의지로 선택해 벌어지는 사건이다. 연애는 가장 작은 사회를 만들어보는 실험이다. 결혼이나 동거의 단계에 접어들면 두 사람은 실제로 최소 단위의 사회를 창조한다.

연애는 또한 개인적이고 내밀한 속삭임이기도 하다. 모든 이야기의 출발점이 되기에 부족함이 없다. 무엇보다 사랑의 가치는 우리 마음속에 뿌리박은 대표적인 신화이므로, 첫 본보기로 때려 부수기에도 좋다.

우리 사회는 연애나 결혼이 더 이상 행복하지 않은 사람들이
고민 상담을 신청하고, 또 그 고민 상담을 들어 주는 습관이 있
다. 텔레비전, 라디오, 잡지의 단골 소재이며 하나의 커다란 시
장을 형성한다. 이때 질문을 한 문장으로 축약하면 대체로 이
런 구조를 띤다.

"어떻게 하면 연애(결혼)을 계속 유지할 수 있을까요?"

답변의 구조는 대체로 다음과 같다.

"(결혼이나 연애를 유지하기 위해서는) 이러저러한 것을 시
도해보는 편이 좋겠습니다."
"대화의 시간을 가져보세요."
"두 사람의 사랑(결혼)을 응원합니다."

질문과 답변 모두 사랑이 계속되어야 한다는 믿음을 전제하
고 있다. 결혼일 경우에 이 믿음은 특히나 더 심해진다. 문제를
해결하는 것은 좋다. 그래서 더 행복해진다면 말이다. 그러나
살면서 만나는 대부분의 문제는 당사자의 의지와 노력으로 해
결되지 않는다. '시간이 약이다'라는 말처럼 문제가 스스로 사
라지거나 문제를 안고도 살아가는 법을 터득하게 된다.

당연하게도, 위로받기를 원할 정도가 되면 관계가 대화나 타협 정도의 노력을 통해 행복을 되찾을 수는 없는 단계로 접어든 경우가 많다. 철학은 언제나 전제부터 의심한다. 사랑이 개인의 행복을 위협해도 될 자격이 있는가? 없다. '1미터 철학'의 답변은 간단하다.

"행복하지 않은 관계는 끝내라."

사랑에는 괴로움에도 불구하고 지켜나가야 할 만한 가치가 없다. 사랑의 맹세는 물론이고 결혼서약도 마찬가지다. 거래처가 부도난 이상 계약서가 남아 있어 봐야 소용없다.

인생에 실패하지 않기 위해 결혼에 실패한 철학자

인간관계에서 가장 고통스러운 순간 가운데 하나는 아마도 과거의 잔해를 들춰가며 연인과 치졸하게 싸울 때다. 한창 감정이 무르익을 때는 사소한 단점이나 실수 따위는 사랑의 크기로 덮어버리면 그만일 듯싶다. 하지만 감정이 상하면 머릿속의 주판알이 과연 내가 해준 만큼 받았는지 깐깐하게 따지기 시작하게 된다. 이 탁하고 갑갑한 감정은 뭘까? 나만의 사랑이라고 느꼈던 설렘이 인간적 감정이라고 믿었지만 이제 보니 생물학적 본능에 불과했던 것만 같다. 연인과의 다툼은 상대에 대한 실망보다도 자신의 바닥이 훤히 드러나서 괴롭다. 1미터 안에 꽤 괜찮은 내가 있는 줄 알았는데, 초라하게도 속 좁은 동물만 있을 뿐이다. 사랑을 과대평가하기 때문에 자괴감과 연인에 대한 배신감이 커진다.

젊은 시절 스피노자에게는 매력 넘치기로 소문난 연인이 있었다. 12살이나 어린 그의 이름은 클라라 마리아였다. 스피노자는 부유한 무역상인 아버지의 사업체를 물려받기로 예정되어 있었던 데다 다방면의 천재로 소문난 잘생긴 청년이었다. 클라라는 어린 시절부터 스피노자를 좋아했다. 두 사람은 당대의 유명한 지식인인 클라라의 아버지가 신동으로 소문난 스피노자의 과외선생이 되면서 처음 만났다. 둘은 한마디로 말해 '결혼할 사이'였다.

스피노자의 인생은 클라라가 예상한 대로 흘러가지 못했다. 더 정확하게 말하자면 스피노자는 연인의 기대를 배신했다. 그는 부유한 사업가 대신 평범한 노동자가 되는 길을 선택했다.

사랑하는 연인이 가난해지자 클라라는 선택의 기로에 섰다. 바로 결정했는지, 수년간 고민했었는지는 확실치 않지만 클라라는 스피노자를 떠났다. 클라라는 이별한 후 얼마 지나지 않아 대학생과 결혼했다. 학교를 졸업하고 나면 커다란 사업체를 물려줄 아버지가 있는 남자였다. 애초에 마음만 먹으면 원하는 남자를 선택해 결혼할 정도의 매력과 교양은 있는 여성이었다. 이것이 서양철학사상 최고의 천재로 일컬어지는 스피노자의 처음이자 마지막 사랑의 결말이다. 실연당한 후 스피노자는 평생 독신으로 살았다.

어쩐지 빤한 이야기다. 클라라의 욕망도 빤하다. 그러나 빤하다고 욕을 먹어야 한다는 법은 없다. 스피노자는 실연한 다음 클라라를 비난하지도, 그의 선택에 분노하지도 않았다. 그저 조용히 이별을 받아들였다. 그뿐이었다. 스피노자는 자신의 철학대로 행동했다. 스피노자에게는 안락한 생활을 포기하고서라도 철학자가 되겠다는 욕망이 있었다. 클라라에게는 부잣집 사모님이 되어야겠다는 욕망이 있었다. 그러니 둘 다 자기 욕망대로 행동했다고 할 수 있다. 스피노자의 욕망이나 클라라의 욕망이나, 개인의 욕망이라는 점에서는 동등하다.

타인의 욕망을 비난하기는 쉽다. 도덕적 우월감을 주니 재미있기까지 하다. 하지만 클라라의 속물적인 욕망을 남이 비난해봐야 무의미할 뿐이다. 반경 1미터 안을 무엇으로 꾸밀지는 당사자만 결정할 수 있다. 마찬가지로 범죄행위로 실행되지 않는 한 나는 나의 욕망에 비난받지 않을 권리가 있다. 욕망에는 의무가 없다.

우리는 각자의 1미터 안에 있는 텃밭에다가 자신만의 작물을 키운다. 꽃을 키울지 농작물을 키울지는 반경 1미터라는 울타리 안을 소유한 개인의 고유한 권리다. 고유한 반경 1미터는 내 연인에게도 있다. 내 욕망을 따라주면 좋겠지만 그건 내게 좋은 일일 뿐이다. 연인에게는 자기 1미터 반경의 영지를 나의 욕망에 등기이전해줄 의무가 없다.

타인에게는 타인 나름의 욕망이 있다는 무미건조한 사실을 인정하면 마음속에서 피어나는 미움에 시달릴 필요가 없다.

사랑에는 도덕을 적용할 수 없다

사랑은 비非도덕적이다. 반反도덕적이라는 말과는 다르다. 비도덕은 도덕적이지 못하다는 게 아니라 도덕과 상관이 없다는 의미다.

인간은 타인의 욕망이 자신의 욕망을 배신할 때 상대를 비난하는 습관을 갖고 있다. 비난을 정당화하기 위해 상대의 도덕성을 흠잡는 오류를 저지르는 것이다. 그래서 수많은 이들이 헤어진 연인에게 도덕적인 비난을 받는다. 경험상 남성이 저지르는 흔한 실수 가운데 하나는 자신에게 상처를 준 여성을 허영심 많은 물질주의자로 평가하는 것이다. 설사 그가 클라라처럼 배우자의 돈이 주는 풍요를 중요시하는 속물이라 할지라도, 그것은 자기 반경 1미터 사유지의 사정이다. 나와 상관없는 일이다.

내가 상처를 받는다고 자동적으로 상대가 부도덕한 사람이 된다는 공식은 없다. 그럼에도 욕망이 배신당하면 누가 나에게 도덕적 잘못을 저질렀는지 궁금해하며 범죄자를 수색한다. 연인과 배우자는 1순위로 체포되는 용의자다. 그런데 한겨울 물에 빠져 추위에 떠는 고통도 욕망이 배신당하는 상황이기는 마찬가지다. 그렇다고 물과 계절이 잘못을 저지른 게 아니듯, 상대가 도덕적으로 잘못해서 내가 고통스러운 경우는 생각보다 드물다. 열을 식히고 이치를 따져 보면 연인에 대한 분노 대신 '나와 그의 욕망이 충돌을 일으켰다'는 표현이 합당한 경우가 대부분이다. 보다 일상적인 언어로 바꾸자면 '둘은 잘 안 맞는다' 정도가 될 것이다.

더 냉정한 예를 들어보겠다. 결혼을 생각하는 남성의 입장에서 자기 소비에 검소하고 집안 살림에 알뜰한 현모양처는 좋은 사람이다. 그런데 어디까지나 '나에게 좋은' 사람이지, 다른 여성보다 우월한 지위를 인정받아야 하는 것은 아니다. 가족의 입장에서 '좋은 아내이자 어머니' 가운데에는 공직자인 배우자의 비리를 눈감거나 당연시하는 이도 있을 것이다. 그는 남편의 욕망엔 충실하지만 사회공동체의 욕망은 배신한다. 그는 '좋은 아내'일 순 있어도 '좋은 시민'일 수는 없다.

불필요한 분노에 사로잡히면 나의 반경 1미터 안이 분노와 짜증으로 혼란스러워진다. 세간에 해외에 유학이나 연수를 다녀온 문신 있는 여성을 조심해야 하며 특히 결혼은 절대 하면 안 된다는 주장이 진리처럼 유통되고 있다. 아마도 해외에서 다양한 경험을 한 개방적인 사람일 테니 연인을 골치 아프게 하거나 배신감을 안겨줄 것이란 이유에서다.

흥미로운 점은 실제로도 많은 남성들이 이 조건에 해당하는 여성들을 혐오하고 심지어는 화를 내고 있다는 사실이다. 그들 대부분은 해외에 다녀오거나 몸에 문신이 있는 여성들에게 아무런 피해도 입지 않았으며, 심지어 만난 적도 없다.

해결책은 더없이 간단하다. 싫으면 만나지 않는 것이다.

도덕은 자기애를 감춰주는 포장지다

사적으로는 서로 아무런 부채가 없고 공적으로는 함께 세금을 내는 동료 시민이다. 그런데도 많은 남성들이 일부 여성들에게 분노하는 이유는 자기중심적이기 때문이다. 너무나 이기적인 나머지 성적으로 개방적인 여성과 만나고 싶지 않다는 자기 욕망을 공적인 정의와 혼동한 것이다. 그러나 많은 외국인과 관계를 가지고 싶어하는 욕망과 자기 외에는 별다른 경험이 없는 상대를 만나려는 욕망 사이에는 우열이 없다. 모두 '나를 위해서'다.

반대의 경우도 마찬가지다. 개인적인 경험에 따른 것이기는 하지만, 여성은 성실함과 정성을 바탕으로 남성을 도덕적인 측면에서 비난하는 경향이 있다. 성별을 떠나 가장 가까운 사람의 내면과 행동이 자신의 취향에 전부 맞아 떨어진다면 '나에게'는 좋다. 상대의 존재가 내게 이익이 되고픈 욕망이야 문제가 없다. 그런데 욕망에 윤리를 도색하면 지성에 빈틈이 생긴다.

맞춤 정장이 아닌 한 내 요구에 모두 들어맞는 사람은 없다. 타인은 주문제작품이 아니다. 당연한 이치를 없애야 할 문제로 인식하면 상대를 가전제품처럼 고쳐 쓰려고 한다. 함께할 생각이 없는 취미를 버리고 눈에 거슬리는 습관을 고치며, 자신을 위한 봉사의 종류를 늘려주기를 원한다. 이때 인간은 상대는 물론 자기 자신까지 기만한다.

자기 이익이 생각만큼 늘지 않을 때 편리하게 상대를 도덕적으로 비난하기 위한 대비를 하는 데에는 성별이 따로 없다. 각자가 가진 무기를 사용할 뿐이다. 그래서 여성들은 남성보다 우수한 언어 능력을 십분 활용한다. 여성들은 곧잘 자신을 위해 무엇을 해줬으면 좋겠다고 솔직히 말하는 대신 '우리'를 위한 회의를 하자고 한다. 그리고 일방적 요구가 아니라 평등한 대화이며, 결론은 두 사람이 평화적으로 합의한 내용이라고 못 박는다. 억지로라도 동의해줘야만 끝나는 '대화'이므로 애초에 상대방에게는 다른 선택지가 없다.

인간 개조도 예의가 아니지만, 개조 성과가 성에 차지 않으면 자신이 아니라 개조 대상을 탓하는 것이야말로 폭력이다. 그러나 상대를 도덕적으로 탓할 수 있으면 자신은 책임에서 자유로워진다. 그래서 상대를 약속을 지키지 않는 무책임하고 불성실한 사람 혹은 호언장담과는 달리 실제로는 자신을 제대로 사랑하지 않는 사기꾼으로 몰아세운다. 심지어 자신의 논리에 자신이 속아 진심으로 서러워서 눈물을 흘리기도 한다. 이 단계에 이르면 자신의 행동이 폭력이라고 깨닫기엔 이미 늦었다.

마음에 안 드는 상대의 습관은 그의 결함이 아니라 나의 불이익이다. 그럼에도 상대를 사랑한다면 관계를 통해 얻는 이익이 불이익보다 많아서라고 계산할 수 있다. 사랑, 연애, 결혼은 나를 위해서 내가 내린 선택이다. 이기적인 것이 잘못된 태도는 결코 아니다. 하지만 자기 편의에 의해 이기심과 정의를 혼동하면 악감정이 생기고, 악감정의 정도만큼 스스로의 감정을 소모시킨다. 상대를 도덕적으로 비난하면 일시적으로는 편리하지만 장기적으로는 불리하다. 연애가 불행해지기 때문이다.

따라서 상대의 특징이 견딜 수 없는 '결함'으로 느껴진다면, 정답은 이별이다. '결함'은 그 사람을 구성하는 일부이자 그 사람 자체다. 우리에게는 타인을 고칠 권리도 의무도 없다. 사랑의 본질은 헌신이 아니라 거래이기 때문이다. 흥정에 실패하면 거래를 끊으면 된다. 이별을 쉽게 이야기한다고 여길 수도 있겠다. 그러나 쉽게 이야기하지 않을 이유가 없다.

사랑은 현대인의 종교다

인간은 윤리가 아닌 것과 윤리를 자주 혼동한다. 자기도 모르게 헷갈릴 수도 있고 고의적으로 뒤섞기도 한다. 그러나 도덕적으로 악한 것과 자신이 싫은 것은 엄연히 다른 영역이다. 실패한 사랑을 해석할 때 손쉬운 도피처를 찾으면 상대를 비난하게 된다. 이때 윤리적 가치판단을 동원해 상대에게 느꼈던 자신의 불만족을 그의 타락으로 여긴다. 즉 그 사람의 사랑은 순수하지 못했다고 판결한다.

'순수'라는 말을 사용할 때, 보통 그 반대편에는 물질이 있다. 돈과 육체는 물질의 대명사다. 우리가 경험하는 현실에서 보통 여성은 남성의 돈을, 남성은 여성의 육체를 '사용'하려 한다는 혐의를 받는다. 그에 반해 자신의 사랑은 순수할 것이 틀림없으므로, 우리는 상대보다 우월한 도덕적 권위를 확보했다고 착각한다.

사랑을 순수하고 영원한 가치로 여기는 버릇은 현대인의 대표적인 오해 가운데 하나다. 사랑은 현대인의 종교이자 우상이다. 현대 사회는 사랑을 숭배하지만 실상 그 내용이 정확히 무엇인지는 파헤치지 않는다. 사랑은 어쩌다 현대인의 우상이 되었을까? 핵심에는 연애결혼 문화가 있다. 불과 200년 전까지 인류는 연애결혼이 당연시되는 사회를 살지 않았다. 연애 자체가 특수한 경우이거나 특권층의 전유물이었다.

서양사를 보자면 연애결혼의 단초는 중세에서 근대로 넘어가면서 발생한 갈랑트리gallantry 유행에서 꼬리가 잡힌다. 갈랑트리는 원래 두려움 없이 적진에 돌진하는 중세 기사의 용감함을 뜻했다. 그러다가 귀족 남성들이 남의 아내를 유혹하는 유행으로 의미가 변하게 됐다. 이 시기 갈랑트리의 뜻은 '집적거린다' 혹은 '껄떡댄다'는 것이었다. 상대의 남편과 결투를 해야 할 수도 있고, 거절당하는 공포도 만만치 않으니 따지고 보면 장수의 용맹과 일맥상통하는 부분이 있다.

지금은 마음에 드는 여성을 대할 때의 친절하고 예의 바른 행동을 의미한다. 갈랑트리와 로맨스는 쓰임이 변한 과정이 비슷하다. 로맨스는 기사의 영웅적인 삶과 비극적인 운명을 가리키는 데 쓰는 단어였다. 남성 서사시와 맞닿은 박력 넘치는 말의 결은 지금 더없이 달콤하고 부드러워졌다.

‡

옛날에도 진심으로 사랑하고, 그 사랑이 결혼으로까지 이어지는 사람들이 있었지만 절대 다수는 부모의 의지에 의해 결혼했다. 부모가 아니더라도 사회적 명령을 받았다. 조선시대에는 고을에 노처녀, 노총각이 있으면 사또가 짝을 찾아줬다. 진정한 사랑은, 조선에서나 유럽에서나 유부녀가 바람을 피울 때 맹세하던 것이었다. 남성 권력자는 정부나 첩에게 애정을 느꼈다. 혼외정사는 결혼과 달리 연애의 성격이 강해서였다.

아예 더 과거로 가 보자. 원시시대 역시 지금과 같은 선택권은 주어지지 않았다. 인간이 부족생활을 하던 시대에 한 사람이 속한 '사회'는 몹시 좁았다. 한 부족 집단의 수는 백 명을 넘기기가 힘들었다. 여기서 '던바의 숫자'라는 개념이 나왔다. 던바의 숫자는 인간의 뇌가 사회생활로 타인과 관계할 수 있는 현실적인 한계로, 통용되는 숫자는 150 정도다. 웬만한 부족이 분열되지 않고 뭉쳐 있을 수 있는 최대인구 수다.

인간의 뇌는 그대로인데, 도시화와 매스미디어의 능력은 던바의 숫자를 아득히 초월해버렸다. 평소 명석한 유명인이 수만 명 이상에게 욕을 먹으면 바보 같은 언행을 보이는 경우가 많다. 본능은 미움받아 죽기 전에 어서 부족을 떠나라고 명령하지만, 현대 매스미디어 환경에서는 탈출할 도리가 없다. 반대로 전국적으로 각광받는 사람은 어린애처럼 오만한 모습을 보이기도 한다. 모두 타고난 뇌가 처리할 수 있는 용량이 넘어간 결과다.

던바의 숫자를 감안하면 원시시대 청춘남녀는 최대 150명 중에서 노인과 아이, 다른 사람의 배우자를 뺀 동년배의 이성 가운데에서 짝을 찾아야 했다. 누구의 영향도 받지 않고 스스로 선택했다고 해도, 그 대상은 많아 봐야 몇 명이 전부다. 아예 없다면 야만적인 신부사냥이라는 선택지가 남는다. 때로는 신랑도 신부만큼 부족했다. 당연히 신랑사냥도 벌어졌다.

지금은 인구의 증가, 도시화, 교통의 발달 그리고 무엇보다 자유연애를 이상하게 여기지 않는 현실 덕에 거의 무한한 선택지가 펼쳐져 있다. 결국 사랑에 대한 환상은 자유의지에 대한 환상이자 나르시시즘(자기애)이다. 오롯이 나의 선택이므로 영원하고 순수하고 숭고해야 한다는 믿음이다. 이를 뒷받침하는 좋은 증거가 있다. 결혼정보회사를 통해 성사된 결혼은 당사자들이 자랑스럽게 생각하지 않는다. 타인의 개입이 있었으니 사랑의 순수성이 떨어진다고 믿어서다.

연애는 오랫동안 귀족들의 특권이었다. 지금 우리는 모두 귀족이 되었다. 현대인은 '인간은 모두 고유한 존엄과 선택권을 지닌 자유인으로 태어난다'는 교리를 학습한다. 누군가를 사귀거나 자신이 결혼해야만 할 이유를 댈 때, 우리는 그것을 사랑이라고 부른다. 사랑의 포장지에 금은보화를 붙이고 광택을 내면서 정작 내용물에는 큰 관심이 없다.

현대의 수많은 소설과 영화가 목숨까지 바쳐가며 사랑을 지키는 주인공을 보여준다. 사랑한다는 이유만으로 가라앉는 배 속에서, 고향에서 자신을 기다리는 가족을 내버리고 나를 위해 대신 죽어준다면 참 고마운 일이지만 따지고 보면 그래 줄 의무가 없어서 고마운 일이다. 1990년대 한국에서는 '사랑해서 떠난다', '너를 위해 떠난다'는 가사의 노래가 흘러넘쳤다. 사랑하는데 차이면 차였지 자기가 왜 떠나는가? 사랑이라는 단어만큼은 지키지 않으면 안 될 것 같아서다. 현대인은 사랑 자체를 사랑하는 나머지 정작 상대와 나를 사랑하는 법은 외면한다.

사랑의 정체는 타인을 사랑하는 자신에 대한 사랑이다

과거의 사랑은 지금처럼 추상적이고 신비로운 개념이 아니었다. 조선시대의 사랑은 한눈에 반해 잠 못 드는 밤 상대방을 완벽한 천사로 공상하는 것보다는 오래 산 부부 사이에 쌓인 신뢰에 훨씬 가까웠다. 그에 반해 현대의 사랑은 종교적 확신이나 계시 비슷한 현상으로 포장된다. 처음 본 순간 운명임을 느끼거나 몇 번 혹은 오래 만나다 보니 이유는 알 수 없지만 내 사람임을 알았다는 식이다.

자신의 자유의지를 신성시하는 현대인에게 사랑은 깨끗하고 숭고한 것이어야만 직성이 풀린다. 내 사랑에 대한 지나친 찬양은 나에 대한 찬양이며, 따라서 자기애다. 자기애는 스스로를 제대로 사랑하는 법에서 벗어나 있다. 짧게 줄여 이야기하자면 자기애는 자기애를 방해한다. 나의 반경 1미터 안이 너무 완벽하다고 느끼면 관리에 소홀해진다. 불완전하다는 사실을 제대로 봐야 잡초를 뽑고 작물을 가꿀 수 있다. 괜찮다고 믿고 놔두면 그때부터는 제멋대로 자라 엉망이 된다.

사랑, 연애, 동거, 결혼에서 우리는 상대에게 도덕적 책임을 전가하기 위해 일부러 배신감을 느낀다. '내 사랑은 순수했지만 알고 보니 타락한 너는 내 사랑을 누릴 자격이 없었다'는 논리로 관계의 실패를 정리하려 한다. 이 거짓 설계도면에서는 순수할수록 피해자가 된다. 우리는 되도록 피해자의 지위를 차지하기 위해서라도 자신의 사랑에 새하얀 설탕 옷을 입힌다.

나 또한 실패한 옛사랑에서 실수를 저질렀다. 상대가 그간 실패한 사랑의 내역을 읊조렸을 때 그냥 묵묵히 고개를 끄덕였다면 좋았을 것이다. 그의 과거이고 아픔이니까. 하지만 나는 그에게 상처를 입혔던 이들과 내가 얼마나 다른지 강조했다. 나의 사랑은 고귀하고 남달라야 할 것 같았기 때문이다. 그에게 상처를 준 이들을 필요 이상으로 무시했고, 나는 그들과 다르다고 말했다.

나 자신이 얼마나 쓸모 있는 남자인지는 잘 모르겠다. 그러나 '내가 주장하는 나'와 '실제의 나'는 다르다. 실제 행동에서 나는 그렇게 관용적인 사람이 아니었다. 나만큼은 다르다고 주장할 때 나는 그가 아니라 나 자신을 사랑했다. '다른 사람보다 깊고 진지한 사랑을 주는 나'의 모습에 심취했던 것이다.

자기애는 자신을 실제보다 대단하게 여기는 감정이다. 연애에서 자기애의 늪에 발이 빠진 사람은 자신에게 실제로는 존재하지 않는 도덕성을 부여한다. 그래서 사랑의 본질에서 벗어나 비극을 초래한다. 반경 1미터를 국가로 보면 연애는 두 국가 사이의 외교이자 무역이다. 우리나라가 좋은 국가라고 주장한다고, 상대국이 이쪽에서 내민 계약서에 서명을 해줘야 한다는 법은 없다. 더욱이 내 행동은 나는 상국上國이니 조공을 바치라는 요구나 다름없었다.

사랑은 기쁨이다. 기쁨은 욕망이 충족된 상태를 말한다. 따라서 연애는 욕망의 거래 이상도 이하도 아니다. 이제 우리는 자신의 이익을 위해서 연인을 만난다는 사실을 인정해야 한다. 거래의 목적을 분명히 인지해야 이윤을 창출할 수 있다.

사랑도 살아가는 데 필요한 도구에 불과하다

당신과 나의 목표는 사랑이 아니라 행복이다. 행복은 어디까지나 좋고 즐겁고 기쁜 상태다. 이것이 우리가 추구해야 할 목표의 전부다. 반면 '영원한 사랑'처럼 추상적이고 관념적인 가치는 매번 우리를 속이려고 안간힘을 쓴다. 속지 않고 살기 위해서는 삶이란 무엇인가를 먼저 이해해야 한다.

삶에는 따로 목표로 부여된 가치가 없다. 우리는 자연의 법칙에 의해 태어난 자연의 일부다. 자연은 목적을 설정해두지 않는다. 인간의 탄생에 그럴듯한 목적이 있다고 믿는다면 상상일 뿐이다. 스피노자의 말대로 "누군가가 날개 달린 말을 상상한다고, 날개 달린 말이 있다고 인정하는 것은 아니다". 사람은 날개 달린 말이 없다는 사실은 인정하면서 자신에게 태어나면서 부여된 삶의 의미 따윈 없다는 사실은 잘 의식하지 못한다.

왜 내가 살아 있어야 하는가? 내가 태어나고 살아 있다는 현상에 '그래야만 했다'는 도덕적 당위는 없다. 이유에는 두 가지가 있다. '그냥' 이유가 있고, 무엇을 '위해서'라는 목적지향적인 이유가 있다.

두 가지 이유의 차이를 이해하기 위해서는 적당한 질문을 던져보면 된다. 북극곰의 털은 왜 하얄까? 색소가 없는 단백질 섬유로 이루어져 있기 때문이다. 반면 무엇을 '위해서'라는 관점에서 보면, 눈 덮인 북극에서 튀어봐야 먹이를 사냥하는 데 방해가 되기 때문이다. 앞발을 불끈 쥔 채 '나는 하얗게 태어나겠어!'라고 결심하고 태어나는 북극곰은 없다. '눈처럼 하얀 아이들을 낳아야지' 하는 어미 북극곰도 없다. 그런 곰이 지구에 한 마리쯤 있다 한들 생물학적 결과와 의지는 관련이 없다.

‡

나는 태어났고 현재 살아 있다. 이유를 따지자면 생물학적 부모의

난자와 정자가 만나서 나 자신이 탄생했다는 사실 정도는 있다. 그런데 이는 탄생의 원리일 뿐이다. 우리가 습관적으로 생각하듯이 무엇을 '위해서' 태어나지는 않았다. 우주에게는 특별히 나를 신경써줄 마음이 없다.

우리 각자는 그 누구도 세상의 중심이 아니다. 우주가 우리에게 존재의 이유를 애써 부여해줄 정도로 우리는 대단하지 않다. 우리 각자도 마찬가지다. 나는 당신에게, 당신은 내게 특별한 존재가 되기로 약속한 적은 없다. 존재에는 이유가 없다. 존재 자체만 있을 뿐이다.

가끔 이런 질문을 받는다.

"이렇게 힘든 삶을 꼭 이어나가야 하나?"
"나는 너무나 불행한데, 삶이 뭐기에 아등바등 살아가야 하나?"

미안하지만 이 책은 힐링 상품이 아니다. 살든지 죽든지 마음대로 하시라. 보통 저런 질문을 던지는 사람은 상대가 자신을 위로해주길 바란다. 정말로 자살을 결심한 사람은 아무도 없는 곳에서 조용히 유서를 쓴다. 적당히 위로해줘도 소용없다. 질문자는 만족스러운 대답이 나올 때까지 추궁하기까지 한다. 언젠가 친구에게 그렇게나 살기 버겁다면 죽으라고 답했다가 이놈이 덤벼드는 바람에 격투를 벌인 적이 있다. 녀석은 입으로는 죽고 싶다고 말하면서 고작 눈가에 멍이 드는 것도 격렬하게 거부했다.

본인도 모르는 자기 인생의 이유를 타인이 찾아줄 수는 없다. 나의 반경 1미터에는 누군가의 반경 1미터에 삶의 의지를 대신 채워줄 의무 따위가 없다. 타인은 저마다 자신의 반경 1미터에 행복의 요소를 끌어오느라 바쁘다. 독자들께 따뜻한 말을 건네고 싶어도, 나에게 진리를 대하는 태도를 보여준 위대한 철학자들을 배신하고 싶지 않다.

‡

애초에 질문이 틀렸다. 이 책은 삶에 대한 회의가 생존본능마저 앞지르는 정도까진 아닌 사람들을 위한 책이다. 우리는 그냥 태어나기에, 살아 있다는 것은 하나의 상태다. 삶은 동사가 아니다. 적극적인 행동이라고 간주하면 내가 왜 살아내야 하는지 이유를 대야 한다. 그러나 진실은 이렇다. 살아 있다는 상태 위에서 행복의 추구라는 행동을 쌓는 것이 삶의 본질이다.

우리는 사명을 갖고 태어나지 않았다. 효자가 되기 위해서, 선량한 사람으로 자라기 위해서, 출세하기 위해서, 세상에 도움이 되기 위해서, 변치 않는 사랑의 주인공이 되기 위해서 태어나지 않았다. 우리가 태어난 목적지향적인 이유는 없다. 그럼에도 억지로라도 이유를 끌어 붙여야 한다면, 단 하나의 이유만 가능하다. 우리는 단지 행복하기 위해 태어났다.

오늘날 가장 숭고한 개념이 된 사랑을 본보기 삼아 이야기하는 까닭은 도덕적 가치나 목적론적 사고라는 신화의 거품을 걷어내기 위해서다. 철학은 신화와는 별로 친하지 않다. 인간은 행복해지기 위해 살며 사랑뿐 아니라 다른 어떤 것도 삶의 목적이 될 수는 없다. 그리고 이 말은, 삶의 목적은 삶 자체라는 명제와도 같다. 사랑은 행복해지기 위한 도구다. 방금 지나간 문장에서 '사랑'이라는 단어를 다른 어떤 말로 대체해도 마찬가지다.

사랑은 인생의 주인이 아니다

나는 남을 위해 태어나지 않았다. 다른 이들도 마찬가지다. 세상과 타인들에게 쓸모 있기 위해 존재하는 인생은 처음부터 없다. 우리는 서로의 쓸모가 아니다. 나는 나고, 너는 너다.

많은 사람들이 제 딴에 한심하다고 여기는 사람을 비난할 때 흔히 '왜 태어났니?', '왜 사냐?', '쓸모없는 놈' 따위의 말을 한다. 이런 비난에 가슴이 아팠던 독자분이 있다면 서러움을 조금 내려놓기 바란다. 당신은 태생적으로 쓸모없을 권리를 타고났다. 자기가 아는 누군가나 집단을 보고 '저런 인간이 세상에 있어 뭐 하나'라는 생각이 든다면 이 책은 한 번 다시 생각해볼 것을 권한다. 그는 당신의 기분을 위해 존재할 의무가 없다. 냉정한 사실은 언제나 한 바퀴를 돌아 공정한 대가를 치러준다. 당신도 남의 기분을 위해 존재할 필요가 없다.

인간 사회의 울타리를 벗어나면 진실은 더욱 차가워진다. 제아무리 인류를 위해 위대한 업적을 쌓은 인물이라도 우주의 입장에서는 별다른 의미가 없다. 전 세계의 개미들은 토머스 에디슨이 전기 기술을 발전시킨 사실에 아무런 관심이 없다.

목적 지향적인 사고방식은 확실히 인간이라는 동물의 특징이다. 인간은 자신의 자아도, 자신이 인간이라는 사실도 너무 사랑하는 나머지 자신이 태어난 데에는 우주적 섭리에서 비롯된 합당한 이유가 있을 것이라고 상상한다. 그러나 인간은 그렇게 대단하지 않다. 자연스럽게 인간의 사랑도 그렇게 대단하지 않다는 결론이 뒤따라 도출되어야 마땅하다.

우리는 사랑의 시녀도 호위병도 아니다. 고용주는 나다. 따라서 우리는 사랑을 고용할 수도 있지만 해고할 줄도 알아야 한다. 버트런드 러셀Bertrand Russell은 《인생은 뜨겁게》에서 말했다.

"사랑이란 인생의 하인이 되어야지, 주인이 되어서는 안 되는 법이다."

그러므로 소꿉장난 같은 사랑의 모험을 펼친 십대의 이별이든 중년의 이혼이든 본질은 같다. 이별해야 할 때는 관계가 더 이상 즐겁지 않을 때다. 관계로 인한 괴로움의 양이 즐거움을 넘어섰다는 사실을 깨달은 순간이 이별을 결심할 때다.

사랑의 실패는 처음부터 정해져 있다

오래전 일이다. 지나칠 정도의 미인과 만났었다. 살면서 적잖은 사람을 만나봤지만 그만한 외모의 소유자는 아직 그뿐이다. 성격도 배려 넘치고 사랑스럽기 그지없었다. 술에 취하기 전에는. 그는 알콜 중독은 아니어도 알콜 의존증 수준은 될 정도로 술을 마셨다. 그리고 취하면 나를 집요하고 잔인하게 폭행했다. 따귀나 발길질 정도로 엄살 부리는 게 아니다. 맥주병, 포크, 박치기, 하이힐, 소화기로 맞아봤다. 한 번은 이렇게 맞다가는 병원에 실려 갈 것 같아 정당방위 차원에서 반격했다. 불의의 일격을 당하자 그는 눈물을 뚝뚝 흘리며 사과했다.

이후 연애는 폭력의 롤러코스터에 탑승했다. 그는 술에 취하기만 하면 여지없이 폭력을 행사했고, 내가 '반격'하는 빈도도 높아졌다. 그러면 상황은 마무리됐다. 그가 무릎까지 꿇어가며 용서를 비는 모습은 영 어색하고 불편했지만 어쨌거나 문제가 단번에 해결된다는 점만은 편리했다. 나는 무의식적으로 편리함에 익숙해졌다.

어느 날이었다. 아직 본격적으로 맞지는 않았지만 그의 말투와 몸짓에서 폭력의 조짐이 보일 때였다. '맞기 전에 먼저 때려야겠다'는 생각이 드는 찰나, 아차 싶었다. 이별을 선언했다. 지하철 5호선 천호역 4번 출구 앞에서 뼈와 살이 분리되기 직전까지 맞고 이별을 완수했다. 행인들이 지나가면서 던지는 감상이 표창처럼 날아와 고막에 꽂혔다.

행복은 목적이 아니라 기술이다

우리는 그저 우주에
내동댕이쳐지듯 태어났다.
따라서 존재에는 이유가 없다.
존재 자체만 있을 뿐이다.

마찬가지로 우리는
어떤 사명을 갖고 태어나지 않았다.
그럼에도 삶의 이유를 찾아야 한다면
한 가지는 꼽을 수 있다.
|
우리는 태어난 이상
되도록 행복하게 사는 것이 좋다.
사랑, 지켜야 할 신념, 도달하고픈 이상 등
삶의 목적으로 꼽는 그 무엇도
사실은 이 행복을 위한 도구일 뿐이다.

"어휴, 남자 놈이 바람피웠나 보네."

맞기만 하지는 않았다. 그는 일방적으로 때리다가 돌연 무릎을 꿇고 두 손을 싹싹 빌며 제발 자신을 버리지 말아 달라거나 이별은 죽음이나 다름없다며 한 번만 살려달라고 애원하기를 반복했다. 슬프게도 나는 덩치가 큰 데다 탐욕스러운 관상의 소유자다. 지나 가던 사람들이 다시 감상을 던졌다.

"저거 혹시 인신매매 아니야? 요새 사채가 그렇게 문제라고 하더 니만."

연애 시장에서 그의 매력은 대단했다. 외모는 물론이고 집안 또 한 부유했다. 그런데 알고 보니 그에게는 자신보다 조건이 불리한 남자와 사랑에 빠지는 습관이 있었다. 그는 '조건'을 보지 않고 사 랑에 빠질 줄 아는 자신의 모습에 중독됐다. 그래서 취하지 않을 때 는 완벽한 연인의 모습을 연기했다. 술을 마시면 취기를 핑계로 연 애 상대의 '진정한' 사랑을 시험했다. 그리고 아무리 맞아도 우직하 게 견디는 연인의 모습에 안도했다.

반격을 당할 때마다 순종적인 모습으로 돌변한 것도 같은 맥락이 다. 일단 자신의 성실한 패악이 자극적인 반응으로 되돌아올 때 가 을에 곡식을 추수하는 농부처럼 성취감을 느꼈을 것이다. 폭력에 굴복하면서도 근본적으로는 연인을 잃지 않기 위해 지고지순해지 는 자신의 사랑에 도취했기에 기꺼이 폭력을 받아들였다.

그가 지금 어찌 지내는지 알 도리가 없지만 별로 걱정되지는 않는다. 누군가를 두들겨 패거나 거꾸로 맞으며 살고 있으리라 믿는다. 두 경우 모두 그에게는 나름의 해피엔딩이다. 혼자 지낸다면 그건 그것대로 본인에게나 세상에나 좋은 일이다.

‡

그는 자기만의 사랑을 조각해놓고 감상하는 사람이었다. 따라서 사랑의 대상이 상대가 아니라 자기 자신이었다. 그는 사랑이 일 대 일의 마주 보는 거래라는 사실을 알지 못했다. 그러니 상대를 거래의 주체로 대하지 못하고 폭력을 통해 자기애의 도구로 사용한 것이다. 그는 매를 맞을 때까지 상대를 도발함으로써 자기 자신마저도 사랑의 도구로 사용했다. 이럴 때 인간은 도구화되고 사랑 자체만 남는다. 이미 사랑은 더 이상 사랑이 못 되고 핑계에 불과하다. 이것이 연인에게 폭력을 저지르는 남자들이 흔히 지껄이는 변명의 구성원리다.

"너무 사랑해서 그랬다."

사랑을 종교로 모시든 핑계로 사용하든 삶 앞에 사랑을 놓을 때 인간은 사랑의 종이 되어 희생당한다. 자신을 희생하기 싫으면 타인을 희생시킨다. 반경 1미터의 경계가 정확하지 못한 사람은 상대를 침공하거나 거꾸로 침공당한다. 이 원리는 신체적인 차원에서만이 아니라 다양한 종류의 폭력에도 그대로 적용된다. 꼭 연인이나 배우자 사이에만 해당하는 이야기가 아니다. 대중, 사회, 국가와의 관계에서도 마찬가지다. 1미터의 원리는 변하지 않는다.

발밑으로 내려다 보이는 자신의 영토를 인지하지 못하면 밖에서 땅을 확보하려고 타인의 영토를 침공한다. 예컨대 며느리를 괴롭히는 것으로 삶을 보상받으려는 시어머니를 독립적 개인이라 할 순 없다. 고압적인 시어머니는 여성을 때리는 남성과 본질적으로 같다. 이들은 괴롭힐 사람이 있어야만 안도한다. 그런데 언제까지고 약자가 내 곁에서 대기해준다는 보장은 없다. 따라서 이들을 지배하는 것은 지속적인 불안이다.

자신의 영토를 확인하지 못하는 불안이 피학적으로 발현되면 침공을 당하면서도 물리치지 않는 습관이 생기곤 한다. 침공을 당한다는 것은, 곧 침공 당할 영토가 있기는 있다는 의미도 되므로 안도감을 주기 때문이다. 간접적으로나마 고유한 영토를 감지할 수 있기에 폭력에 괴로워하면서도 순응하는 것이다. 거래는 대체로 성공과 실패가 처음부터 정해져 있다. 냉정한 말이지만 실패할 사람이 실패한다.

사랑의 본질은 행복의 거래다

'즐겁다', '괴롭다'는 말을 한 번 더 구체화해보겠다.

'즐겁다'는 것은 즐거움이 반경 1미터 안에 들어왔다는 뜻이다.
'괴롭다'는 것은 괴로움이 반경 1미터 안에 들어왔다는 뜻이다.

예를 들어 이성애자 남녀가 연애를 한다고 해보자. 두 사람은 함께 식사를 하고 영화를 보고 스킨십을 하고 성관계를 맺는다. 육체가 떨어져 있을 때는 전자메시지로 감정을 전달한다. 이때 두 사람 각자는 즐거움을 제공한 대가로 그와 비슷한 즐거움을 돌려받는다고 할 수 있다. 즉 반경 1미터에 즐거움을 들이고, 또 들여보낸다. 혼자가 아니라는 만족감, 사랑받고 있다는 사실이 주는 충족감, 키스, 애무, 섹스의 쾌감 등을 말이다.

두 사람이 감정이 상해 싸운다고 해보자. 한 사람이 상대를 비난하면 상대도 보복한다. 마치 냉전 시기 미국과 소련이 서로에게 공포를 느꼈던 핵전쟁과 같다. 핵폭발로 인한 피해는 이만저만한 정도가 아니다. 자칫 멸망할 수도 있다. 그러므로 이쪽이 핵을 맞으면 저쪽도 종말적인 피해를 입어야 마땅하다. 핵이 날아오면 똑같이 날려보내 양쪽이 공멸하는 것이 핵전쟁의 음울한 시나리오다.

그런데 어느 한 쪽이 납치당해 강제로 사귀지 않는 한 핵탄두만한 화력을 지닌 죄악을 저지르고 있을 리는 없다. 그래서 사랑싸움은 보통 기억 속에 자잘한 잘못의 돌덩이를 캐내어 쏘아대는 소모적인 투석전이 된다.

두 사람은 고통을 거래하며 일방적인 피해를 당하지 않기 위해 가해와 피해의 균형을 맞추려고 한다. 즉 최대한 내가 더 손해 보지는 않으려는 비난의 투석전이다. 아이러니하게도 평등을 추구하는 것이다. 이 책은 가급적 언어에서 가치의 기름기를 빼고자 한다.

우리는 평등이라는 단어에 좋은 감정을 가지는 언어적 습관을 갖고 있다. 하지만 평등은 그저 평등이다. 평등에는 고통도 기쁨도 있다. 고통스러운 평등은 나쁜 평등이다.

‡

"사랑의 본질은 거래다":

이 문장은 사랑의 본질은 거래여야 한다는 말과는 전혀 다르다. '우리는 대체로 공정거래를 추구한다'는 문장이, 공정거래가 옳다는 뜻은 되지 못한다. 그렇다는 현상과 그래야 한다는 당위를 기계적으로 분리하고 생각해보자. 그러면 다음과 같은 결론이 나온다. 우리는 연애와 결혼을 통해 서로 이익이 되는 거래를 추구하고, 특히 공정거래를 추구하며, 그 결과는 행복할 수도 불행할 수도 있다.

유교문화권인 한국에서는 흔히 '부부는 일심동체'라고 한다. 희망 사항일까? 아니면 정말로 그렇게 믿는 걸까? 부부는 일심동체가 아니다. 행복의 거래를 많이 해왔기에 별다른 갈등 없이 잦은 거래를 신속하게 처리하는 모습이 마치 한몸처럼 보인다는 의미로 받아들여야 한다.

조선시대 중반까지 양반 계층에서 '안사람'과 '바깥양반'의 역할은 가정 안팎으로 물과 기름처럼 분리되어 있었다. 가정의 안과 밖은 각자의 절대 영역이었다. 오늘날 총리급인 정승이 아내에게 매를 맞은 얼굴로 궁에 출근해 임금에게 위로를 듣기도 했다. 집안의 권력자는 아내였기에 마음만 먹으면 남편을 때릴 수 있었다. 그런데 사회생활을 책임지고 집안을 장악하는 각자의 권력으로 모두의 행복을 잘 조율하면, 일심동체라는 칭찬을 들을 만하다. 부러움을 살 만도 하다. 하지만 일심동체는 현상도 본질도 아니다.

분리되고 독립된 우리 각자의 1미터는 서로 겹쳐지지 않는다. 사랑도 우정도 사회생활도 그 본질은 모두 상업적인 거래다. 그렇다면 질문이 남는다. 이게 사랑의 전부일까? 즐거움과 괴로움을, 예를 들면 섹스의 쾌감과 말싸움의 불편함을 플러스와 마이너스로 계산해 관계를 유지할지 말지를 결정하면 될까? 사랑이 거래인 것은 알겠는데, 과연 거래가 전부일까?

그렇다.

그러나 사랑은 강력하다. 이 이야기를 하기 전에, 때려 부숴야 할 신화가 더 있다.

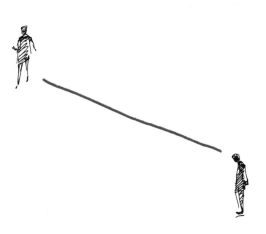

2장

세상에서 가장
외로운 1미터

"행복은 미덕에 의해 주어지는
보상이 아니라 그 자체로
미덕이다."

스피노자 Baruch Spinoza

우주는 나에게 무관심하다. 철저히 무지하며 알아볼 의지도 없다. 우주의 구성원리는 존재한다. 물리학자들은 우주와 우주를 이루는 물질이 어떻게 구성되었는지를 갖고 전쟁을 벌인다. 우리는, 아니 적어도 지능과 취향이 문과에 머물러 있는 나는 그들이 무슨 말을 하는지 알아듣지 못한다. 하지만 한 가지는 확실하다. 우주에는 내게 신경을 써줄 만한 인격이 없다.

사랑에 필적하는 현대인의 또 다른 신화는 나 자신, 자아다.

자아가 실제로 존재하는지에 대한 깊은 철학적 문제는 여기서 이야기할 생각이 없다. 다만 이야기하고 싶은 것은 '나'에 대한 현대인의 태도다. 우리는 근대를 거치며 생겨난 신인류다. 근대 이전 수십만 년간 있어 온 인간과는 다른 사고를 갖고 산다. 우리는 하나하나가 존엄한 주체가 되었다. 중진국 이상의 국가에서 태어난 현대인이라면 높은 확률로 신성불가침한 인권을 갖고 태어났다고 교육받는다.

우리는 자신의 선택, 노력, 성취를 너무나 중요시하는 나머지 단순한 사실을 망각한다. **나는 아무것도 아니라는 사실**이다.

"나를 중심으로 세상을 바라보면 안 되는 걸까?"
"욕망과 의지를 가진 하나의 당당한 주체로서 사는 게 잘못되었다는 말일까?"

그렇지 않다. 다만 우리에게 필요한 기술은 **구분**이다.

나의 기준에서 보면, 나는 세상에서 가장 중요한 존재이며 세상은 나를 위해 존재한다. 현대라는 시대, 민주주의 체제가 그렇게 생각하고 행동할 권리를 부여했다.

세상의 기준에서 보면, 나는 자연적으로는 한 마리의 동물이며 정치적으로는 한 명의 시민이다. **이게 전부다.** 내가 살아 있기에 세상이 존재한다는 생각은 옳지 않다. 동시에 나의 존재 자체가 나쁜 것도 아니다. 그냥 내가 세상에 살아 있다는 사실이 있을 뿐이다. 내가 좋은 것과 세상이 좋은 것은 다른 차원의 일이다. 따라서 나의 존재와 행복은 세상에 아무런 가치가 없다.

나의 입장과 세상의 입장을 구분하지 못하는 증상은 자기애의 가장 흔한 부작용이다. 하지만 자기애는 현대인이 매일같이 달고 사는 질병이므로 자기애에 빠져 허우적대더라도 혼자만의 문제가 아니라는 점에서 특별히 걱정할 필요는 없다. 봉건 군주를 위해 목숨을 바치거나 밥만 주면 의심 없이 주인을 섬기는 전근대인의 질병보다는 훨씬 증상이 양호하다. 그러나 약한 증상도 증상인 이상 완화되거나 사라지면 좋다는 점은 분명한 사실이다.

누가 내 몫의 피와 땀을 훔쳐 갔을까?

현재 벌어지고 있는 몹시 독특한 현상이 있다. 취직에 성공한 지 얼마 되지 않아 방황하다가 직장을 그만두는 사회초년생이 늘어나는 것이다. 특이한 점은 들어가기 어려운 직장일수록 이런 일이 빈번하다는 사실이다. 구직자라면 누구나 선망하는 공무원 직장이나 공기업, 대기업에서 특히 자주 일어난다. 당연히 남들보다 많은 노력을 쏟아부어야 입사가 가능한 직장이다. 때려치우는 과정이 상쾌한 것도 아니다. '무엇을 원하는데, 이곳에서는 찾을 수 없다'는 명확한 확신을 갖고 그만두지도 않는다. 대부분은 막연히 우울증

비슷한 증상에 시달리다가 너무나 불행한 나머지 어쩔 수 없이 일을 그만둔다.

아이러니하게도 이와 같은 현상은 취업난과 생존 공포가 심해지고 이에 따라 학업 경쟁이 치열해질수록 더욱 심해질 것이다. '요즘 젊은이들이 배에 기름이 끼고 나약해서'가 아니다. 현대인이 곧잘 빠지는 함정이 더 깊어졌기 때문이다. 좋은 직장에 취직한 사람들은 수험 생활을 불행하다고 느꼈기 때문에, 힘든 학업의 보상이어야 할 직장이 더 불행하다는 사실을 받아들이기 어려워한다. 하지만 학교는 돈을 내고 다니고, 직장은 돈을 받고 다닌다. 이 차이를 생각해보면 직장생활이 훨씬 어렵다는 사실을 1초면 알게 된다.

어떤 기업이 있다고 하자. 이 회사의 목적은 이윤 추구다. 이윤 추구를 실행하기 위해 사원을 뽑는다. 당연한 말이지만 구인은 신입사원이 아니라 기업 자신을 위한 결정이다. 사원도 기업보다는 자신의 이익이 더 중요하므로 양자는 이윤의 일부를 급여의 형태로 분배하는 계약을 체결한다. 적어도 내가 돈을 사랑하는 만큼은 세상 사람들도 돈을 사랑한다. 그렇기에 기업이 대가 없이 급여를 그냥 내줄 리 없다.

국민교육을 받지 않은 조선시대 사람이라도 단박에 이해할 내용이다. 그런데 대가를 치러야 한다는 사실을 왜 받아들이기 힘들어할까? 여기에는 두 가지 이유가 있다. 첫째, 자신의 반경 1미터를 우주의 중심으로 여기기 때문이다. 하지만 우리 각자는 우주의 중심이 아니다. 우주에는 중심이 없다. 나도 여러분도 돌멩이도 나비 한 마리도, 우리가 먹는 소시지의 원료가 되기 위해 지금 이 순간 축사에 갇혀 있는 돼지도 우주의 입장에서는 동등하다.

자신의 영지가 파리의 중심에 있는 에펠탑처럼 세상의 한가운데에 위치해 있다면, 올바른 세상이란 파리처럼 중심에서부터 큰 도로가 뻗어 나가는 세계다. 우리는 양심상 공짜를 요구하지는 못해도 부조리를 원하지는 않는다. 세상의 중심에서 노력이 나가면 그만큼의 보상이 들어와야 순리라고 여긴다. 따뜻하진 않아도 합당한 세상이라고 인정할 수 있기를 원한다.

‡

여기서 불행의 두 번째 이유이자 현대인의 사고를 지배하는 노력주의가 등장한다. 노력하면 할수록 그에 합당한 결과가 보상으로 되돌아올 것이라고 믿는 습관이다. 사람들은 흔히 이 노력에 고통을 참아내는 극기克己도 포함시킨다. 그래서 며칠 간 악을 쓰며 스스로를 괴롭히는 집단적 학대를 돈까지 내가며 청탁하는 일들이 극기 훈련이라는 이름으로 아직까지 남아 있다. 이것은 우리 사회의 집단지성이 수면마취를 잘못 받아 부작용으로 남은 마비 증상이다. 한 치의 망설임도 없이 말하건대 극기 훈련에 쓸 시간이 있다면 구름이 토끼처럼 생겼는지 권총처럼 생겼는지 토론하거나 최대 몇 시간까지 잠을 잘 수 있는지 시험해보는 편이 낫다.

노력주의의 밑바닥에는 우주에 합당한 질서가 있어서 고통을 견딘 만큼 즐거움으로 돌려받는 시스템이 돌아간다는 막연한 기대가 있다. 하지만 우주의 질서는 물리학적이지, 인격적이지 않다. 우주는 고생이 많은 사람과 덜한 사람을 선별해 마땅한 결과를 정산해주는 은행원이 아니다.

그러나 노력주의는 국적을 떠나 현대인이 대체로 공유한다. 더욱이 한국처럼 경쟁이 심한 사회는 노력주의가 중세시대 기독교 정도의 권위를 차지하고 있다. 그래서 기독교를 비판하는 무신론자들이 노력주의를 믿는 묘한 모습을 보게 된다. 우주야말로 하나님보다 인간에 무관심한데 말이다.

조건이 좋은 직장은 남들보다 힘든 학업과 치열한 구직 활동이 있어야만 가까스로 성취할 수 있으므로, 많은 이들은 힘들었던 세월만큼의 보상이 있어야 마땅하다고 느낀다. 그래서 직장생활이 일이라는 사실에 당황하고 구직이 보상이 아니라 계약이었음에 배신감을 느낀다.

직장은 과거의 노력에 값을 치러주기 위해서가 아니라 어디까지나 일을 시킬 노동자를 필요로 하므로, 노력에서 보상으로 이어지는 믿음이 깨진 사람은 자신의 이치가 통하지 않는 세계에서 도망쳐 반경 1미터 안으로 되돌아온다. 이때 1미터는 행복의 텃밭이 아니라 감옥이 된다.

우주는 나에게 무관심하며, 나는 무수한 존재자 가운데 한 개체

일 뿐이라는 사실을 받아들여야 하는 이유는 분명하다. 사실이 그렇기 때문이다. 내 인생이 불만족스럽다고 해서 놀랄 일이 아니다. 1미터의 경계선 안에 행복이 들어왔을 때 최대한 누리려면 행복이 어쩌다 찾아온다는 사실을 알고 있어야 한다. 씨앗이라면 심고 정성껏 가꾸고, 맺힌 열매 하나하나를 최대한 즐겨야 한다. 사랑스러운 연인이라면 마지막 사랑인 것처럼 하루하루를 애정으로 가득 채우기 위해 최선을 다해야 한다. 아닌 게 아니라 정말로 마지막 사랑일 수도 있다. 우주는 내게 또 다른 운명적 사랑을 점지해줄 의무를 느낄 필요가 없다.

나의 좋음과 세상의 옳음은 다르다

히말라야 산맥보다도 높이 쌓인 세상 사람들의 불행과 감정 낭비의 태반은 가치중립적인 것과 가치판단적인 것을 혼동하면서 생긴다.

가치중립적인 세계는 '그렇다'와 '아니다'로 이루어진다.
가치판단적인 세계는 '옳다'와 '그르다'로 이루어진다.

두 세계의 혼동은 현대인이 교리처럼 믿는 노력주의와 끈끈하게 들러붙어 있다.

한국에는 '착한 학생', '착한 청소년'이라는 환상이 있다. 물론 인성이 좋은 미성년자는 많다만, 착하다는 개념에 도덕의 이물질이

섞여 들어가곤 한다. 흔히 공부 잘하는 학생을 가리켜 착하다고 한다. 우수한 시험 점수와 상관없이 포르노를 감상하지 않거나 자위 행위를 참는 남학생, 순진한 상태로 성인이 되기 위해 연애를 거부하는 여학생도 이 범주에 포함된다.

어른들은 공부 잘하는 학생을 기특해 하며 '도덕적으로' 칭찬한다. 그런데 학생들은 인류 평화에 이바지하거나 지구 온난화 현상으로 고통받는 북극곰을 위해서 공부하지는 않는다. 그런 학생도 세상에 몇은 있겠지만 대체로는 자기 자신이 미래에 얻을 부와 지위를 위해 공부한다. 개인적인 사정일 뿐이지 도덕적 가치판단으로 선악을 판별할 일이 아닌 것이다. 그런데도 개인의 성공을 위한 노력에 공적인 가치를 부여해주면 개인은 타락한다. 이런 사회의 엘리트 계층은 자신의 이익과 공적인 정의를 동일시하는 증후군을 겪으며 부패한다.

대학 교수들이 강단에서 버젓이 성희롱 발언을 하는 사고가 잊을 만하면 뉴스에 나온다. 그들은 성장기는 물론 어른이 되어서도 많은 학습량을 견딘 끝에 지금의 지위를 얻었다. 이후 외부와 상당히 단절된 대학이라는 세계에서 일상적으로 권력을 행사하며 자신의 즐거움이 타인에게 불쾌일 수 있다는 상식에 무감각해진다. 어떤 형태의 권력이든, 권력을 보상이라고 간주하면 자신의 즐거움을 세상의 법도로 착각한다. 그래서 망언을 일삼는 권력자에게 나타나는 특징이 있다. 그들은 남들에게 '해야 한다', '하면 안 된다'는 도덕적 지침을 누구보다 자주 내린다.

　사회가 아닌 가정을 병들게 하는 약한 단계의 부패도 있다. 자수성가한 전문직 남성을 남편감으로 경계하라는 여성들의 목소리가 있다. 전문직 남성이라고 혐오의 대상이 될 이유는 없다. 소수의 '경계 대상'을 경험하고 저지른 성급한 일반화의 오류다. 그러나 '경계 대상'의 모습이 어떤지는 그려볼 수 있다.

　어려운 환경에서 자기 실력으로 우뚝 섰으니 남들보다 많은 노력을 했을 것이다. 윤리적 오류의 함정에 빠진 남성들은 지난 노력을 배우자가 바치는 헌신으로 보상받으려고 한다. 그는 다름 아닌 자기 자신을 위해 노력해왔다는 사실을 망각한다. 더 나아가 배우자도 자기 수익의 혜택을 받는다는 사실을 자랑스러워하는 동시에 불편해한다. 그래서 배우자를 위해서가 아니라 자기 자신을 위해 그 사람을 선택하고 결혼했다는 사실마저 망각한다. 그는 엘리트가 자신에게 사회를 착취할 권한이 있다고 믿는 것과 같은 원리로 배우자에게 존경과 감사를 요구하는 감정적 착취를 저지른다.

　결과는 자신에게도 불행으로 다가온다. 아내의 '무임승차'에 억울해하고 그가 얼마나 자신의 돈을 누릴 자격이 되는 현모양처인지 감시하는 데 감정의 에너지를 소모해야 하기 때문이다.

　개인의 이익과 공적인 가치의 경계가 분명하지 않은 사람은 나의 행복과 타인의 행복이 분리되어 있다는 사실을 보지 못한다. 반경 1미터의 경계 바깥은 내 행복과 철저히 무관한 세계다. 그 1미터 안팎을 구분하는 방법은 쉽다. '그랬으면 좋겠다'는 욕망과 '그래도 된다'는 당위가 다르다는 사실을 인정하는 데에는 아주 짧은 시간과 약간의 이성만 필요하다. 세상에는 이처럼 간단할수록 필수적인 일이 많다.

인간은 다른 인간의 보상이 아니다

취직과 결혼은 새로운 거래의 시작이지만 보상처럼 느껴진다는 점에서 우리로 하여금 같은 오류를 저지르게 한다. 배우자 앞에서 그의 친구와 그 친구의 배필을 비교하는 행위 아래엔 똑같은 노력주의가 깔려 있다. 하지만 배우자는 보상 삼아 주어지는 물품이 아니다.

　노력과 극기의 판타지는 남성들을 타인의 고생 없는 성공에 분노하게 하는 한편, 여성들을 남의 결혼으로 고통스럽게 한다. 주변의 '놀 만큼 놀고 즐길 만큼 즐긴' 여성이 누구나 부러워할 만한 조건의 남성과 결혼할 때가 그렇다. 연애와 성에 순진한 상태를 '보존'하며 남들이 연애를 즐기고 다닐 때 공부와 수신을 했건만, 참아낸 세월은 결국 배신당한다.

　도덕적 노력주의에 매몰되면 간단한 산수를 잊어버린다. 축구를 하고 싶지만 참고 공부하며 자란 어른과, 매일같이 운동장에서 공을 차며 학창시절을 보낸 어른 가운데 누가 축구를 더 잘할까? 마찬가지로 연애 경험이 많은 사람과 그렇지 않은 사람 가운데 누가 좋은 배우자를 고를 만큼 훈련이 충분히 되었을지는 이미 답이 정해져 있다. 이것을 '인과(원인과 결과)'라고 한다. 우주는 인과로 이루어져 있다. 다만 인과가 우리의 착각처럼 도덕적 가치판단을 하지 않을 뿐이다.

결혼은 보상이 아니라 선택이자 도박이다. 독립적인 두 반경 1미터 사이의 동맹이자 거래다. 결혼을 해보지 않았지만, 이처럼 너무 당연한 사실을 모르지는 않는다. 그래서 배우자를 자신의 1미터 안에 '비치'하고 '사용'하는 물품으로 간주하는 짓은 반칙이다. 오늘날 배우자의 취미와 여유를 참지 못하는 사람이 많은 것은 놀랍지 않다. 물건에는 스스로의 시간을 향유할 권리가 없기 때문이다. 그렇기에 자기 가족은 신혼집에 와도 되지만 처가나 시댁 식구들의 방문에 분노하는 반칙왕들이 존재한다. 집안이 두 개의 반경이 공존하는 곳이 아니라 자기만의 반경이라고 착각해서다.

스포츠에서 반칙을 저지르면 패널티를 받듯이 이때도 불행한 결과가 기다린다. 이혼을 하지 않더라도 상대를 미워하게 된다. 남편의 게임기를 부숴서 욕조에 받아놓은 물에 버리는 행위나 한낮에 커피숍에서 대화를 즐기는 여성들을 보고 혀를 끌끌 차며 내가 버는 돈을 자신의 '아내'도 저렇게 낭비하고 있지는 않을까 걱정하는 마음의 기저는 동일하다. 노력주의와 자기중심주의의 결합은 감정을 탁하게 오염시킨다.

노력주의는 건전한 사고를 막고 일상에 해를 끼친다. 물론 노력하면서 견뎌내는 고통이 풍성한 미래를 키우는 거름이 될 수는 있다. 그러나 우리의 목적은 거름이 아니라 과일이다. 고통을 신성한 윤리적 의무로 받아들이면 나의 오늘이 충분히 괴롭지 않았는지 자기검열을 하는 지경에 이른다. 그래서 고통이 심해질수록 만족이 커지는 기현상마저 생긴다. 아직 직업을 갖지 못한 이들에게 자주 일어나는 증상으로, 중세 유럽의 수도사가 채찍으로 제 등을 때려 피를 쏟던 의식과 비슷하다.

자신의 반경 1미터 안에서 발견되는 윤리적 가치판단은 치워버리는 편이 좋다. 1미터 안은 어디까지나 기쁨과 슬픔, 행복과 불행, 즐거움과 괴로움으로 구성되어 있지 옳음과 그름으로 나뉘어 있지 않다. '나에게' 좋고 나쁜 게 전부다. 고통은 그냥 고통일 뿐 거기에 가치는 없다.

행복한 사람은 행복을 선언하지 않는다

그렇다면 행복에서 노력은 필요가 없는 것일까? 물론 노력할 필요는 있다. 예를 들어 무일푼에서 자수성가한 사업가는 어쨌거나 사업을 했기 때문에 성공했다. 아무리 운이 좋았다고 하더라도 적어도 사업체를 세우는 노력만큼은 있어야 한다. 노력은 행복을 보장하진 않지만 행복할 가능성을 높여준다. 원인이 있어야 결과가 있다. 노력이라는 도박은 결과의 내용을 보장할 수 없지만, 결과 자체는 보여준다.

오늘날 자기계발과 멘토링은 유혹적이지만 불완전한 제안을 하는 유행에 휩싸여 있다. 바로 '미래의 행복을 위해 현재의 행복을 유보하지 말라'는 권유다. 그러다가는 '행복해지는 법을 훈련하지 못한다'는 것이다. 나는 행복하려고 이 책을 집필하는데, 지금 이 대목을 아침 6시 9분에 쓰고 있다. 행복을 유보하지 않으려면 지금 글을 쓸 게 아니라 치킨 한 마리, 감자튀김 한 접시와 함께 마신 맥주에 취해 뱃살이 새 식구를 격하게 환영할 동안 고양이를 껴안고 자고 있어야 한다(지금 막 6시 11분이 되었다).

지금 자신의 모든 것을 불태우며 노력하고 또 인내하지 못하는 것 같아 죄책감을 느끼고 있던 이들은 이와 같은 유행에 편승하는 조언을 들으며 위로라는 선물을 받는다. 그래서 어떤 상황에 놓여 있든 '괜찮아'라고 긍정해주는 콘텐츠가 넘쳐난다. 그런데 정말 괜찮은 사람은 괜찮다고 되뇔 필요가 없다. 자기 삶의 방식에 왈가왈부하지 말라고 여러 번 선언하는 사람은 사실 타인의 시선을 두려워하며 상처받지 않을 준비를 하는 중이다. 당장 위로받는다고 미래의 불안이 해결되지도 않기에 완전히 동의할 수도 없다.

"지금 행복하면 된다"는 말에는 현재의 분명한 행복과 미래의 잠재적 행복 간의 관계를 '이거 아니면 저거' 식의 제로섬 게임으로 간주하는 착각이 숨어 있다. 즉 미래의 행복을 위해 현재를 희생하면 자동적으로 현재가 불행해진다는 기계적인 사고다. 고시원에서 시험 합격을 위해 하루 십 수 시간 암기에 매진하는 사람이라고 해서 남보다 어리석지는 않을 텐데 말이다.

이런 부류의 멘토링은 전제부터 진실을 놓치고 있다. 인간이 여러 측면을 가진 존재이듯이 인간의 일상도 복합적이다. 정답은 간단하다. 현재의 행복을 누리려는 노력과 미래의 잠재적 행복을 위한 투자를 병행하면 된다. 아무리 고생하는 사람이라도 즐거움을 느낄 기회가 단 한 번도 없는 하루를 보내기는 쉽지 않다. 한 잔의 커피, 맑은 하늘, 가족이 다행스럽게도 건강하다는 사실, 좋아하는 음악, 한 끼의 따뜻한 식사, 혼자서나마 즐기는 술 한 잔, 사랑하는 사람의 존재 등 우리가 집중할 행복의 요소는 찾아보면 많다. 가능한 한 감상하고 음미해야 한다.

타인의 범위에 정신이 팔리면 나의 영역을 잃는다

우리는 피할 수 없는 고통이 반경 1미터 안에 흘러 들어오는 모습을 지켜볼 수밖에 없다. 하지만 피할 수 있는 고통은 틈입해오지 못하게 감시해야 한다.

한국의 미취학 아동이 주인공으로 출연하는 유튜브 채널이 막대한 금전적 성공을 거두어 화제가 되었다. 그러자 한국의 많은 어른들이 온라인 공간에서 분노를 터트렸다. 잘못됐다, 옳지 않다는 말이 쏟아졌다. 좀 더 솔직하게는 자신은 하루하루 아등바등 사느라 힘든데 미취학 아동이 '편하게' 떼돈을 버는 모습을 보니 짜증난다는 고백도 나왔다. 보상주의의 신화를 토대부터 무너뜨리는 일이기에 사람들은 유난히 고통스러워 했다.

지금의 모습은 과거에, 미래의 모습은 현재에 치른 노력의 대가라는 공식을 대입해보자. 우리는 입시를 위해 초중고 12년을 바치고, 꽤 높은 확률로 대학을 다니며 학업과 노동을 병행하고 남성인 경우엔 군 복무까지 추가로 치러야 한다. 졸업 후에는 잔인한 구직 시장에서 인격을 노동력이라는 매물로 바꿔 좌판에 내놓는다. 개인의 인격은 그 무엇보다 존엄하다고 하지만 1인분의 노동력은 대체 가능한 흔한 상품에 불과하다. 여기서 마음이 무너진다. 사회생활의 첫 번째 관문이다. 이제 저축을 하며 결혼을 결심하거나, 아니면 포기해야 한다. 마찬가지로 내 집 마련의 기나긴 여정에 발을 들일지 말지 선택해야 한다. 이 모든 과정을 통과하면 마침내 사는 집의 위치와 평수, 연봉, 저축을 근거로 내가 적어도 이 사회의 낙오자는 아니라는 안도감을 건질 수 있다.

여기까지 아직 마흔도 안 됐다. 이제 아이에게 수입의 대부분이 들어가는데 부모님은 아프기 시작한다. 시간이 흐르고 안정과 풍요의 근처에도 가지 못했는데 몸이 고장 나기 시작한다. 사치를 하지도 않았건만 아직 자가 주택을 소유하지 못했는데 부동산 가격만 끝없이 오른다. 이 모든 과정에서 감내하는 스트레스는 이만저만이 아니다.

물론 저축과 달리 쉽게 사라지지 않는 대가가 남긴 한다. 지방간, 당뇨, 스트레스성 탈모, 주부습진, 복부비만, 고혈압, 고지혈증, 동맥경화, 우울증, 공황장애다. 약을 꼬박꼬박 챙겨 먹는 일도 쉽지는 않다. 아이에게 문제가 있으니 학교에 나와 주시라는 전화를 받으면 오늘 점심에 무슨 약을 챙겨 먹어야 하는지 까맣게 잊어버리기 때문이다. 이것이 세계 10위권의 선진국이라는 대한민국 국민이, 인생이 무척이나 잘 풀렸을 때 영위하는 삶이다. 적어도 취직, 결혼, 출산에 성공할 경우의 이야기이니 말이다.

사람들이 어린아이의 성공에 배신감을 느끼는 현상은 어찌 보면 당연하다. 그 아이는 고통과 절제의 과정을 거의 거치지 않았기 때문이다. 하지만 분노하는 사람들도 사실은 답을 알고 있다. 저도 모르게 답을 외면하기에 모른다고 느낄 뿐이다. 콘텐츠의 성공은 시장의 수요가 결정한다. '조회 수가 많으면 잘 된다.' 지극히 자연스러운 현상일 뿐이며 옳고 그름의 문제가 아니다. 사람들은 보고 싶은 것을 보려 하지, 도덕적 의무감이나 공정성에 대한 기준을 가지고 콘텐츠를 찾지 않는다.

우주의 섭리는 노력하는 자의 땀과 눈물에 관심이 없다. 그래서 우리는 노력에 의해 부, 지위, 명예, 인기와 같은 열매를 얻기도 하지만 의도되지 않은 현상에 의해 세상에 흐르는 돈과 관심이 특정한 지점에 깊게 고이는 모습도 목격한다.

여기서도 행복의 기술은 간단하다. 1미터 밖에서 일어난 타인의 성공은, 나에 대한 세상의 배신행위가 아니라 **풍경**이다. 풍경은 반경 1미터 안의 사정과는 무관하다. 보고 싶으면 보면 되고, 그렇지 않으면 눈을 돌리면 된다.

세상은 노력을 보상으로 계산해주지 않는다

자본주의 사회에서 우리는 돈으로 최대한 많은 자유를 사고자 한다. 자연히 자산과 수입이라는 성적표로 서로 비교하고 경쟁한다. 그러므로 한 인간의 위치가 놀라울 만큼 명료하게 수치화된다. 직장과 직급, 아파트 평수, 승용차의 배기량 등으로 우리는 타인을 쉽게 평가할 수 있다. 우리는 수치화된 목록을 일컬어 '능력'이라고 부른다. '경제력이 있다'는 말을 '능력 있다'는 말로 자주 바꿔 쓰기도 한다. 하지만 능력이라는 말은 어째 곱씹어볼수록 막연하다.

나는 한때 돈을 상당히 잘 번 적이 있다. 사회적으로 깨나 성공했다는 사람만 벌 수 있는 월수입을 어린 나이에 올렸다. 특기에 맞는 직업이었던지라 일이 고역이기는커녕 즐겁기까지 했다. 그후 짧지 않은 시간 동안 가난에 시달리게 될 줄 어찌 알았으랴. 어찌어찌 회복해 살다가 우연히 지금 사는 동네에서 비슷한 나이에 큰돈을 벌어 보고, 역시 비슷한 시기에 폭삭 망해본 술친구를 만났다. 우리는 술을 마시다 취기가 오르면 야외에 걸터앉아 대화를 이어나가곤 하는데, 이럴 때는 꼭 조금은 감상적으로 변하지 뭔가. 몇 번인가, 누가 뭐랄 것도 없이 튀어나온 물음이 있다.

"우리는 왜 돈 귀한 줄 몰랐을까?"
"우리는 그때 왜 정신을 못 차렸지?"

그야 일찍 돈을 쥔 사람들의 전형적인 실수를 우리도 저질렀기 때문이다. 나는 수익과 스스로를 동일시했다. 친구들을 훨씬 추월한 수익은 내 능력이었고, 능력은 곧 정체성이었다(당연한 말이지만 수입이 적거나 없었다면 전혀 다른 방식으로 생각했을 것이다). 이 사고방식의 부작용 가운데 하나가 저축을 안 하게 된다는 점이다. 나는 한 해씩 나이를 먹어갈수록 벌이도 그에 따라 늘어날 게 틀림없다는 종교적 믿음에 빠졌다.

행복도 불행도 과거의 노력이 정확히 계산되어 들어오지 않는다. 우리는 흔히 불행하면 왜 불행해졌는지, 행복하면 왜 행복해졌는지 고민하고 분석한다. 불행하면 과거의 나태와 실수를 끄집어내 스스로를 도덕적으로 질타한다. 행복하면 과거에서 자신이 얼마나 기특한 행동을 해왔는지 증거를 채집해 스스로를 도취시킨다. 이 때문에 성공한 사람들은 안하무인으로 행동하고 남들, 특히 아직 성공하지 못한 이들 앞에서 자신의 대단함을 끝없이 늘어놓는 실수를 저지른다. 그래서 자기 성공신화에 도취한 사람은 제 매력을 떨어뜨리는 탓에 성공한 만큼의 애정과 대우를 받지 못한다.

사람들은 눈과 귀가 있으므로, 내가 먼저 떠들어 소음을 발생시키지만 않으면 알아서 그 가치를 인정해준다. 성공의 크기에 가슴이 부풀고 어깨가 우뚝 솟아오르는 사람의 만족감은 불안정하다. 외부 조건에 의존적이어서인데, 자신보다 성공한 사람 앞에서는 위축되기 때문이다.

스피노자는 말한다.

"마음의 고통과 불행은, 대부분 상당히 불안정한 것에 대한 과도한 사랑에서 시작된다." 자기 '능력'에 행복한 사람은, '능력'에 불행해질 준비가 되어 있다.

능력이라는 말의 함정

사정이 어려워진 후 지인의 자취방 구석에 둥지를 틀고 글을 기고하던 언론사에 급하게 취직했다. 노동량 대비 수입은 풍선이 터지듯 줄어들었다. '내가 이 정도 돈 받고 일할 사람이 아닌데' 하는 생각에 매일 우울했다. 그러다 회사가 좁고 낡은 사무실로 이전하자 우울 증세는 한층 심해졌다. 그 사무실에서 숨이 안 쉬어지는 증상을 겪고 병원으로 전속력으로 뜀박질했다. 죽기 전에 도착해야 살 것 아닌가! 하지만 숨이 안 쉬어지는 증상은 단지 기분의 문제였다. 그게 공황장애의 전형적인 초기 증상이라는 판정을 받았다.

당시엔 아직 '1미터의 기술'에 무지했기에 능력이라는 말의 함정에 빠져 불필요한 고통을 겪었다. 내 수입이 늘거나 줄어든다고 내가 다른 사람이 되는 것은 아니다. 수입이 반으로 줄어든다고 뇌의 기능이 50%로 축소되는 것도 아니요, 복권에 당첨된다고 운동신경이 좋아지지도 않는다. 나는 여전히 나다. 1미터라는 독립된 울타리는 여기 그대로 존재한다. 반경 1미터 내부로 흘러들어오는 조건이 바뀌었을 뿐이다.

한 사람의 능력에는 명백한 한계가 있다. 일부러 극단적인 예를 들어보겠다. 세계 최고 부자 자리를 오랫동안 차지했던 빌 게이츠는 '운이 좋아서 성공한 것 아니냐'는 공격적인 질문에 선선히 '그렇다'고 대답한 적이 있다. 그는 수십조 원의 자산가로, 일반적인 서민보다 수백만 배 큰 부를 소유하고 있다. 그렇다고 빌 게이츠의 지능과 정신력, 상상력이 타인의 수백만 배가 될 수는 없다.

세계 최고 부자 자리를 이어받은 제프 베조스는 컴퓨터공학과를 졸업해 관련 분야에 취직하면서 사회생활을 시작했다. 그가 컴퓨터공학과를 전공한 이유는 그의 꿈이었던 물리학에서 좌절을 겪었기 때문이다. 그는 프린스턴대학교에서 양자역학을 배우며 물리학이라는 분야가 얼마나 무서운 곳인지 알게 됐다. 그가 12시간 만에 푼 문제를 학우들은 아무렇지 않게 즉석에서 풀었다. 그는 자신이 물리학에서 낙오자라는 사실을 받아들이고 전공을 컴퓨터공학으로 바꿨다. 그랬더니 그는 결과적으로 성공했다.

능력이라는 말의 자루를 풀어 내용물을 탈탈 털어본다고 생각해보자. 재능, 성실함, 집중력, 성격, 사고관, 사회성, 인내력, 공감능력 등 수많은 요소들이 우르르 쏟아져 나올 것이다. 이 요소들은 각각의 도구다. 우리는 행복의 기술자인 만큼 도구들을 불분명한 의미의 자루에 무질서하게 쓸어 넣고 방치하기보다는, 용도별로 구분해 공구함에 넣는 편이 좋겠다.

인내심이라는 망치는 성능이 좋은 동시에 수학적 재능이라는 드라이버는 무디고 녹슬어 있을 수 있다. 사회성이라는 도구는 타인에게 상처받은 기억 탓에 손잡이가 떨어져 나갔을 수도 있다. 그러나 세상에 성능이 좋거나 나쁜 망치는 있어도, 착하거나 비열한 망치는 없다. 도구가 덜그럭거려도 사용해야만 하면 불편을 감수하고 쓰는 것이요, 때로는 망가진 것을 수리할 필요도 있다. 각각의 성능이 다를지라도 요소들 모두가 소중하다. 남과 물물교환할 수 없는 나만의 것이기 때문이다.

스피노자의 말이다.

"자연은 '이 사람'이 '저 사람'보다 낫다고 할 만한 어떤 것도 제시하지 않는다."

우주에서 살아남기 위한 기술, 이해하고 내려놓기

한 사람이 보유한 요소들은 그의 도구이자 반경 1미터 내부의 조건이다. 노력의 본질은 내부의 조건을 사용해 외부에 있는 행복의 조건을 조금이라도 많이 반경 안으로 끌어들이려고 시도하는 것이다. 행복의 조건이란 별다른 것이 아니다. 돈, 지위, 인기, 인정, 안전한 주거환경, 자유로움, 휴일의 여유 등 사람마다 정도와 중요도 순위는 다르겠지만 결국은 인간이라면 누구나 원할 만한 것이다. 철학적 깊이를 가지고 탐구해야 닿을 수 있는 대상이 아니다.

나는 돈에 초연하라는 주문을 할 생각이 없다. 현대 사회에서 수입과 자산이라는 조건은 여러 순간에 걸쳐 행복 추구에 결정적인 역할을 한다. 다만 조건을 자신의 '능력' 즉 자기 자신으로 착각하면 우리는 십중팔구 열등감과 좌절감에 빠진다. 아무리 성공해도 나보다 더 좋은 조건을 가진 사람은 얼마든지 있기 때문이다.

다른 조건도 마찬가지다. 우월한 외모를 타고난 사람은 필연적으로 다른 이들보다 많은 사랑을 받는다. 좋은 성품의 부모에게서 태어난 사람은 사랑받고 사랑하는 법을 수월하게 훈련받는다. 이런 조기교육은 엄청난 특권이다. 또 세상에는 운이 좋아서 시행착오 없이 적성에 맞는 직업을 덜컥 얻는 사람도 있다. 이처럼 나보다 처지가 유리한 이들을 볼 때 우주가 나의 것을 빼앗아 그들에게 주지 않았다는 사실을 아는 것이 중요하다. 누가 어떠한 조건을 갖는지는 나와 상관없이 그냥 일어나는 일이다.

우주는 나를 내버려 두기에, 나의 존재 방식은 '내버림 당함'이다. 현대인은 수많은 방면에서 과거의 사람들보다 안락하지만 적어도 단 한 가지에서만큼은 아니다. 우리는 귀족도 노예도 아닌 자유인으로 규정된 채 태어났다. 주어진 직분과 숙명을 지고 태어나지 않았다. 자신의 행복에 스스로 책임지는 주체이자 개인으로서 삶에 내던져졌다. 그래서 현재의 '성적표'와 미래에 불행할 수 있는 가능성이 자기 노력과 재능의 결과이며, 누구의 탓도 할 수 없는 징벌이라는 불안에 시달린다. 내가 우주의 버려진 외톨이라는 사실은 반경 1미터의 외벽을 두들기는 강풍이다. 현대인이 웅크리고 있는 위치는 흔들리는 창가 밑이다. 외풍을 맞으며 공포에 떤다.

하지만 모든 기술은 사실을 받아들이는 데서 시작한다. 아이러니하게도 고독할 수밖에 없다는 사실을 알아야만 고독의 양을 줄일 수 있다. 그리고 인간에게는 강력한 무기가 있다. 이제 드디어 사랑이 강력하다는 이야기를 할 때다.

3장

세상에서 가장 단순한 1미터

"사랑이란 외적 원인으로 인한
관념을 수반하는 기쁨이다."

스피노자, 《에티카》

　　　　　　　　　　사랑은 행복해지려고 결심한 사람의
가장 강력한 무기다. 사랑은 거래의 왕이며 가장 많은 것을 나
의 1미터 안으로 사들일 수 있는 순도 높은 황금이다. 나는 황
금이라는 단어를 비유로 사용하지 않았다. 문자 그대로 황금처
럼 반경 1미터 안을 풍요롭게 해줄 만큼 **값**나간다는 의미다.

　"대체 왜 사랑은 강력한가?"
　"그러면서 왜 사랑을 욕망의 거래에 불과하다고 하는가?"
　"애초에 왜 반경 1미터 안의 내용물은 욕망인 것인가?"

이제부터는 그 이유를 설명하기 위해 슬프게도 본격적인 철학 이론을 들먹일 생각이다. 그렇다. 학문적인 얘기다. 하지만 스피노자 철학을 가장 쉽게 설명하기 위해 마른 오징어도 짜면 물이 나온다는 심정으로, 내일 행사에 입을 옷을 세탁기에 넣어 돌렸는데 마침 탈수 기능이 고장 나 오밤중에 두 손 가득 힘을 주고 젖은 천에서 마지막 수돗물 한 방울을 결연한 의지로 추출하는 것처럼 머리를 짜냈다.

나도 할 말은 있다. 행복은 기술이다. 기술을 쉽고 편하게 익히는 데는 이론의 뒷받침이 필요하다. 이론수업은 귀찮지만 반드시 거쳐야 한다. 이 책에서는 추리고 추려 단 두 개의 이론만 선정해 이야기하기로 한다. 그렇다고 이 책이 과연 철학 서적인지 아니면 기술서인지 고민할 필요는 없다. 철학은 본래가 행복의 기술이며, 둘은 동의어다.

첫 번째 소개할 이론은 반경 1미터 안의 재료가 어째서, 그리고 어떻게 욕망인지를 설명한다. 두 번째는 반경 1미터를 벗어나, 세상을 사는 우리 각자의 1제곱미터 영역 사이가 무엇으로 채워져 있고 어떻게 연결되어 있는지를 설명한다.

이러면 1미터 안팎의 재료와 구성원리가 모두 설명된다. 첫째는 나의 구성원리, 두 번째는 세상의 구성원리다. 행복의 기술은 두 가지로 충분하다. 물론 소개 순서는 첫 번째부터다.

바라고 탐하니까 인간이다

서양철학에는 그리스-로마시대부터 코나투스Conatus라는 개념이 있다. 코나투스는 보통 '잠재력', '충동', '경향' 등 척 봐도 어렵고 막연한 말로 번역된다. 코나투스를 가장 이해가 빠르다고 생각되는 방식으로 표현하면 '스스로를 지속하려는 성질'이다.

간단한 과학적 상식부터 시작해보자. 물은 왜 물일까? H_2O 형태의 분자들이 웬만해서는 서로 떨어지려고 하지 않기 때문에 물로 남아 있다. 이때 분자들이 서로 작용하는 힘이 코나투스다. 다이아몬드는 탄소가 고밀도로 응집된 형태다. 그렇다면 다이아몬드를 다이아몬드이게끔 하는 코나투스는 탄소 원자들이 연필심보다 고밀도로 응집되어 있으려 하는 성질이다.

유리컵에 물을 따라 탁자 위에 올려놓아 보자. 컵은 물을 담을 만큼은 단단하고 중력을 벗어날 정도의 힘은 없기에 컵이다. 그러나 컵은 중력과 쉼 없이 싸우고 있다. 컵의 성질은 적어도 중력에 유리벽이 허물어져 물을 쏟지 않을 만큼의 힘은 발휘하고 있다. 이것도 코나투스다.

다음은 간단한 생물학 상식이다. 생명체 역시 스스로를 유지하고자 한다. 애초에 그래야 일정 기간 생존을 유지하고 유전자를 후대에 남기는 생명체가 될 수 있다. 그러므로 생명체에게 코나투스란 생존과 번식하려는 충동이다.

코나투스란 눈에 보이거나 손에 잡히는 무언가가 아니다. 특정한 녀석도 아니어서 손가락으로 가리키며 "이게 코나투스다!", "여기 코나투스가 있다!"고 소리칠 수도 없다. 있는 게 아니라 있는 셈 치는 개념이다. 이 세상에 존재하는 것들이 제 존재를 위해 가지고 있는 가장 기본적인 힘을 통칭해 코나투스라고 부르기로 한 것이다.

우리 또한 생명체니 생존과 번식의 충동을 가지고 있다. 코나투스로 인해 스피노자가 '아페티투스Appetitus'라 부른 욕망이 발생한다. 욕망은 말 그대로 먹고 싶고 자고 싶으며, 성행위를 하고 싶은 인간 내부의 동력이다. 그러나 욕망만으로는 인간의 행동을 다 설명할 수 없다. 세상에는 번식을 포기하는 이들도 있으며 입양아를 키우며 다른 사람의 유전자를 존속시키는 일에 기꺼이 시간과 노력을 헌신하는 사람도 있다. 코나투스와 아페티투스만으로는 인간의 다양한 욕구를 설명할 수 없다.

욕망을 위해 욕망을 버리기에 인간은 인간다워진다

인간은 지능이 있기에 아페티투스는 '쿠피디타스Cupiditas'로 진화한다. 쿠피디타스는 욕망이 아니라 욕구다(한국어판 스피노자 철학서들에서는 아페티투스를 욕구, 쿠피디타스를 욕망으로 옮긴다. 그러나 현재 한국 사회에서는 욕망보다 욕구라는 단어를 더 광범위하게 사용하기에 이 책에서는 두 단어를 바꿔 번역한다). 둘은 다르다. 욕망은 단순히 채우고 해소하는 대상이다. 욕구의 단계에 이르면 인간적 삶과 떨어질 수 없다. 욕구란 관리하고 실현하고 때로는 억제해야 하는 것이다. 인간은 욕망이 아닌 욕구가 있기에 '자아실현'을 할 수 있다. 이 대목에서 아직 무슨 이야기인지 잘 모르겠다면, 지극히 정상이니 안도하시기 바란다. 쿠피디타스를 쉽게 설명하기 위해 이제부터 특별히 스스로를 희생하도록 하겠다.

‡

나는 성인이 된 이후로 지금까지 꾸준히 탈모에 시달리는 중이다. 탈모가 한 인간을 얼마나 피폐하게 하는지, 해당 사항이 없는 사람들은 꿈에서도 상상하지 못할 것이다. 외모를 꾸미는 데 큰 관심을 두지 않는다고 심드렁하게 말하는 사람들이 있다. 장담컨대 탈모가 오면 터럭 한 올이라도 보전하기 위해 사력을 다하리라. 아침마다 머리맡에 운명을 다하고 누운 머리카락들을 한 올씩 세며 진심으로 애도할 것이다. 그것도 머리가 좀 남아 있을 때나 가능한 일이다. 나는 두피와 이별한 머리카락을 보면 눈을 질끈 감으며 얼굴을 돌리게 된 지 2년이 넘었다.

연약한 머리칼을 붙잡기 위해 쓴 돈과 시간이 얼마인가. 승용차한 대 가격은 우습다. 과장이라고 생각하겠지만 탈모인들은 이 대목에서 지그시 고개를 끄덕일 것이다. 심지어 머리 숙여 인사하는 일도 웬만해서는 하지 않는다. 헐벗은 두피의 노출은 존엄성의 문제다. 탈모 환자에게 두피는 인격이자 치부란 말이다. 설마 그 정도일까 싶겠지만 탈모인들은 두 번째로 고개를 끄덕이는 중이다.

운명에 탈모의 폭풍우가 몰아치면 인간이 외모에 얼마나 집착하는 동물인지 잘 알게 된다. 그러나 몸매를 관리하고 어울리는 옷을 고르는 노력 따위는 중요하지 않게 된다. 탈모인의 유일한 취향은 수북함이기 때문이다. 그리하여 사기성 농후한 탈모클리닉과 기적의 발모제품을 전전하며 앞서간 선배들의 숱한 눈물로 쌓인 거대한 시장에 돈을 기부한다. 하지만 탈모 환자의 입장에서는 합리적인 선택이다. 머리가 벗겨지는 것은 외모에 너무나 치명적이라 패션의 다른 요소는 모두 하찮아진다. 머리카락이 없는 남성과 마주쳤을 때를 떠올려보자. 속으로 '아, 옷차림에 신경 쓴 대머리다'라거나 '잘생긴 대머리'라고 하시는가? 그냥 '어? 대머리다'라고 한다. 물론 나는 '앗, 동지다'라고 하지만, 대머리는 그냥 대머리다.

이제 머리털을 박박 밀고 탈모인에서 본격적인 대머리로 변할 날이 얼마 남지 않았다. 그런 점에서 지금 이 문장을 쓰는 글쓴이의 미래는 밝다. 이 책이 출간될 때쯤에는 이미 반짝이고 있을지도 모른다. 더 이상은 나도 버텨내기가 쉽지 않다. 인류에게 아직 탈모 치료란 존재하지 않는다. 탈모 '지연'만 가능할 뿐이다. 빼앗긴 들에도 봄은 오는가? 빼앗긴 두피엔 봄이 오지 않는다. 한 번 겨울이 오면 영원한 겨울이다. 언젠가는 전쟁영화의 조연이 피를 흘리며 주인공에게 말하는 것처럼 '난 여기까지다'라고 되뇔 순간이 온다.

나는 머리칼을 속옷빨래처럼 섬세하게 널어가며 살아왔다. 기나긴 훈련으로 완성된 정밀한 빗질도 이제는 점점 무의미해져 간다.

바람이 불면 두피의 광활한 사막을 드러내며 삽시간에 변발을 휘날리는 오랑캐가 된다. 나라고 대머리가 되고 싶어서 되려 하겠는가. 하지만 하루하루가 병자호란인 삶을 살 수는 없잖은가. 인생이란 완벽하지 않아서 때로는 최악과 차악 가운데 하나를 선택해야 한다. 삼전도의 굴욕보다는 불교적인 평온이 낫다.

하긴 대머리에겐 불교적인 태도가 필요하다. 대머리는 매체를 가리지 않고 수많은 이야기 속에서 부패하고 무능하고 타락한 하찮은 남자의 전형으로 쓰인다. 여성들은 만나고 싶지 않은 매력 없는 남성의 대명사로 대머리를 입에 올린다. 대머리가 돼 번뇌에 고통받지 않으려면 마음속 한구석은 해탈에 도달해야 한다.

탈모 부족은 주류인 진행형 탈모씨족과 그보다 규모가 작은 원형 탈모씨족의 연합으로 이뤄져 있다. 나는 원형 탈모씨족에 속해 있지만 두 씨족 모두 종착지는 같다. 대머리가 되면 씨족의 구분마저도 사라진 매끄러운 관계가 된다. 풀 한 포기 자라지 않는 황량한 사막 위에 서서 풍성한 모발 기득권들의 혐오와 차별에 함께 맞서기 위한 처절한 연대만 남는 것이다.

‡

나라고 이 고통스러운 치부를 왜 드러내고 싶겠는가. 하지만 불행히도 쿠피디타스를 설명하는 데 있어 탈모만큼 적절한 소재를 찾지 못했다. 탈모는 건강에 아무런 영향을 끼치지 않는다. 당사자의 영혼에는 재앙이 닥치지만 의학적 관점에서는 문젯거리가 되지 못한다. 따라서 나는 군복무를 마친 후 머리가 한층 더 휑해지긴 했지만 상이유공자 신청을 포기할 수밖에 없었다(조금 고려해보긴 했다). 머리카락 하나 빠질 때마다 수명이 1초씩 줄지는 않으니 말이다.

'정말이지 대머리는 되고 싶지 않다'는 절박함은 코나투스 자체와는 동떨어진 문제다. 그럼 아페티투스의 차원에서는 어떤가. 남성에게 탈모가 심해진다는 것은 수컷들끼리의 외모 경쟁에서 낙오한다는 의미이기도 하다. 수사슴의 뿔과 공작새 수컷의 깃털이 사라질 때 벌어지는 현상과 같다. 탈모 환자가 아닌 남성들도 분명히 느낀다. 그들은 탈모인 친구의 훤한 정수리를 내려다보곤 자신도 모르는 사이에 기분 나쁜 표정의 웃음을 지으며, 탈모 놀리기에 유난히 즐거워한다. 본래 노력이나 비용 없이 공짜로 이뤄지는 승리는 사람을 흥겹게 하는 법이다. 어찌 된 일인지 탈모는 마음껏 놀려도 되며, 화를 내는 피해자를 속 좁다고 비난해도 무방하다는 잘못된 사회적 편견이 만연해 있어서 두피가 수북한 이들은 탈모인 앞에서 도무지 웃음을 감추지 못한다. 그 증거로 수북한 남성 독자들은 지금 이 대목에서 슬며시 웃고 있을 것이다.

탈모는 되도록 여성들에게 사랑받고 싶다는 '욕망'을 방해한다. 하지만 대머리를 좋아하는 신비로운 취향의 소유자나 탈모여도 상관없을 만큼 자신을 사랑해주는 배우자가 세상에 아주 없지는 않다. 세상에 처자식이 있는 대머리는 많다. 머리가 제대로 벗겨지기 전에 결혼을 하는 남자들도 부지기수다. 이혼 사유는 되지 않지만 아들을 낳았을 경우 탈모는 유전이라는 사실 앞에서 엄마는 이중적인 인간이 되고야 만다. 남편의 실체를 빨리 알아채지 못한 불행에 괴로워하면서도, 미래의 며느리 역시 아들의 실체를 알아채지 못하도록 아들을 빨리 결혼시켜야겠다고 다짐한다.

문제는 사랑과 결혼에 별다른 피해를 입지 않은 성공한 탈모인 역시 기회만 되면 수북해지고 싶어 한다는 점이다. 다만 기회가 없을 뿐이다. 자신을 사랑해주는 배우자와 자식이 있음은 물론이요, 바람을 피울 마음이 전혀 없어도 말이다. 실제로 한 방송에서 사회 문제로 다룬 적이 있을 정도로 대머리 남성은 취업에 불이익을 받곤 하지만, 경제적으로 성공해서 타인의 외모 평가가 직업 생활에 아무런 영향을 끼치지 못하는 탈모인도 풍성함을 갈망한다.

정리하자면 번식의 본능은 코나투스이고, 번식을 위해 이성에게 선택받고픈 욕망은 코나투스로 인해 생겨난 아페티투스에 해당한다. 헌데 인간은 두 가지를 충족하는 것으로는 만족하지 못한다. 인간에게는 남에게 자신이 원하는 모습으로 보이고 싶어 하는 사회적 욕구가 있다. 우리는 길거리에서 스치는 행인에게도 대머리로 보이고 싶지 않다. 다시는 그 사람들과 만날 일이 없고 내 인생에 아무런 영향을 끼칠 사이가 아니어도 좋은 시선을 받고 싶다. 시선조차 상관없다면 거울을 보면서라도 만족하고픈 존재가 인간이다. 이처럼 코나투스에서 시작되었지만 코나투스와는 얼마든지 동떨어질 수 있는 상태가 쿠피디타스다.

복잡한 인간, 단순한 인생의 원리

대머리 유부남이 바람을 피우고 싶어서 풍성함을 갈망하는 게 아니듯, 여성이 성적인 매력을 어필하는 옷차림으로 출근한다고 해서 직장과 대중교통 차량 안에서 남성들에게 유혹을 받고 싶다는 의미는 아니다. 체육관에서 엉덩이와 가슴 근육을 부풀리기 위해 무거운 쇳덩이를 들어올리며 핏대를 세우는 남성들 모두가 농염한 시선을 받고 싶어 하는 것도 아니다. 실제로 깜짝 놀랄 만큼 몸이 좋은 남성들은 죄다 운동중독에 걸려 있어서 여성을 만날 시간도 없고, 여성들 또한 운동중독에 빠져 과하게 울퉁불퉁한 남성의 몸을 선호하지는 않는다.

노출이 있는 옷과 부푼 근육은 동물적인 단계에서는 성적인 신호다. 그러나 인간적인 단계에서는 자기만족이며 쿠피디타스다. 오랜 시간 거금을 들여 실용적이지 않은 물건을 수집하는 취미, 현실에서는 아니어도 상상이나 창작물을 통해서는 '나쁜 남자'를 만나고 싶은 판타지, 눈치 없이 젊은 사람들 노는 데 끼어들어 신세대가 된 기분을 느끼고픈 마음, 체형에 맞지 않아 불편하지만 지금 유행 중인 옷을 입으려는 노력, 남의 아이를 구하기 위해 불타는 건물에 뛰어드는 행위 등 생물학적으로 바로 설명되지 않는 인간의 복잡다단한 욕구를 우리는 쿠피디타스로 이해할 수 있다.

또한 쿠피디타스는 자신이 무엇을 원하는지를 아는 상태다. 욕구란 자신의 욕망을 인지하는 것이다. 우리는 흔히 '이상형이 누구냐'는 질문을 받을 때 유명한 연예인의 이름을 대답으로 내놓곤 한다. 원하는 대상을 구체적인 상징으로 간직하는 인간은 단지 발정이 나서 이성의 육체를 원하지 않는다. 사람은 자신이 어떠한 행복을 추구하는 사람인지, 좋아하는 음식이 무엇인지 이야기한다. 인간에게 음식은 단순한 먹이가 아닌 취향이다.

비슷한 예로 어떤 남성이 '내 이상형은 청순하고 파리한 여성이다'라고 말할 때 그는 자신의 욕망을 들여다보고 있다고 할 수 있다. 더불어 바보가 아니라면 그는 자연 상태에서는 '청순하고 가녀린' 여성이 임신, 출산, 육아에 불리하다는 사실도 잘 알고 있다. 그럼에도 불구하고 그는 자연스러운 성욕과는 분명한 거리를 둔 욕구를 느낀다.

또 인간에게는 자아실현이라는 개념이 존재한다. 내가 원하는 나의 모습이 어느 정도 이루어진 상태다. 인간은 자신의 욕구를 감지하고 받아들인다. 자신의 바람이 무엇인지 명확히 아는 것은 곧 쿠피디타스가 잘 정돈된 상태다.

나는 코나투스—아페티투스—쿠피디타스를 설명하기 위해 가장 깊숙한 프라이버시인 헤어스타일을 팔았다. 이것만으로도 이 책이 사명감으로 쓰인 가치 있는 저작임은 증명되었으리라 믿는다.

단순함에서 출발해 다시 단순함으로

개인의 반경 1미터를 채우는 질료는 욕망이다. 행복 추구라고 불러도 좋다. 개인이 자기 자신을 위해 무언가를 원하는 에너지의 덩어리가 반경 1미터의 성벽을 쌓는 벽돌의 재료이며 나의 주민들이다. 스피노자의 많은 별명 가운데 하나는 '욕망의 철학자'다. 스피노자 윤리학에서 자신의 욕망을 부정하고 억누르는 행위는 어리석다. 그렇다고 욕망의 명령을 따라야 한다는 뜻도 아니다. 욕망은 추종의 대상도 아니고 그렇다고 금지의 대상도 아니다. 행복은 자신이 욕망으로 이루어져 있음을 선선히 인정하고 난 후부터 시작된다.

바로 이 지점에서 추가적인 설명이 한 번 더 필요하다. 자아는 곧 욕망임을 인정할 의무가 있다는 뜻이 아니다. 인정하는 편이 나의 행복에 보다 유리하다는 의미다.

현실적인 예시를 위해 냉정한 마음으로 내 쿠피디타스를 조금 더 해부해 보겠다. 내게는 병원으로부터 정식으로 발달지연 판정을 받지는 않았지만 분명 어린 시절 동년배들보다 지적 발달이 늦었던 경험이 있다. 일반 중학교가 아니라 장애인들을 위한 특수학교에 진학할 뻔하기도 했다. 그러니 초등학생 시절 눈에 띄게 어리바리하고 아둔했던 건 당연지사다. 지금 내게는 날카롭고 빈틈없는 사람으로 보이고 싶은 욕구가 강하다. 성장기에 나를 바라보던 학교 친구들의 시선이 콤플렉스가 된 결과임은 두말할 나위도 없을 것이다.

운동신경과 공간지각능력도 지적 발달에 포함된다. 중학교를 졸업할 때까지는 타고난 큰 키에 비해 행동거지가 어설퍼서 멀대나 전봇대 따위 별명으로 곧잘 불렸다. '덩칫값을 못한다'는 성장기의 자격지심은 작고 민첩해지려는 욕구를 낳았다. 성인이 된 다음 수년간 힘들어서 끙끙대면서도 복싱 체육관에 다녔는데, 유명한 한국 복서들이 대체로 경량급이어서 머릿속에 자리 잡은 권투선수의 인상이 마르고 빠르며 야무졌기 때문이다.

이렇게 자잘한 쿠피디타스가 모이면 보다 큰 쿠피디타스가 된다. 독자들에게 어떤 타입의 작가로 평가받고 싶은지, 어떤 첫인상을 가진 사람이려고 하는지, 어떤 측면에서 타인에게 인정받고 싶은지 등이 모여 '내가 원하는 나'의 모습이 구축된다.

생존을 위해 필요한 욕망이 보다 복잡한 형태의 욕구로 진화하고, 원래의 욕망과 동떨어지는 현상은 모든 인간에게서 나타난다. 예를 들면 대부분의 사람들에게는 기본적인 인정 욕구가 있다. 무리 생활을 하던 원시인 시절에 쓸모를 인정받지 못하는 인간은 군식구 취급을 받고 쫓겨나기 일쑤였다. 혼자일 때 인간은 맹수와 추위 앞에 한없이 나약해진다. 인정욕, 관심욕은 바로 이러한 생존을 위한 발버둥에서 시작되었다.

그런데 SNS 영상에는 생존을 추구하기는커녕 관심을 받기 위해 목숨을 거는 사람들도 있다. 조회 수를 늘리고자 고층건물 꼭대기에서 안전장치 없이 재주를 넘는 영상을 촬영하는 러시아 젊은이들이 가장 극단적인 예일 것이다. 생존을 위해 식욕이 존재하지만 단식을 하는 사람들도 있다. 종교인이라면 정신적 고양감과 성취감을 위해, 정치인이라면 정치적 목적을 위해 본능을 억누른다. 그러나 본능을 배신하는 것도 욕망에 의해서다.

충동(코나투스)—욕망(아페티투스)—욕구(쿠피디타스)의 순서에 집착할 필요도 없고, 암기할 필요는 더더욱 없다. 구분할 필요조차 없다. 원리만 알면 된다. 저 세 가지를 모두 뭉뚱그려 '욕망'이라고 불러도 무방하다. 결국 행복이란 욕망을 충족하느냐, 마느냐의 문제이기 때문이다. 그러므로 우리 각자가 1미터를 운영하는 방법은 크게 두 가지 질문에 대한 대답이라고도 볼 수 있다.

"나는 무엇을 할 때 좋은가?"
"나는 어떤 사람일 때 좋은가?"

우리의 할 일은 '좋음'을 반경 1미터라는 배타적 영토 안으로 끌어오는 것이다.

단순하기에 강력한 도구, 사랑

기술의 원리는 단순할수록 좋으며, 실제로도 단순하다. 그래서 사랑이 강력한 이유를 단 한 문장으로 정리할 수 있다.

"좋은 게 좋은 거다."

이 챕터의 첫 문장, "사랑이란 외적 원인으로 인한 관념을 수반하는 기쁨이다"라는 말은 얼핏 어렵게 들릴 수도 있겠지만 사실은 간단하다. 어떤 사람에게 반해 사랑에 빠졌다고 가정해보자. 내 반경 1미터 바깥에 있는 그 사람은 '외부의 원인'이다. 하지만 내 1미터 안에서 그 사람은 하나의 '관념'이 된다. 그 사람을 위해 어떤 헌신도 할 수 있다고 생각하고, 덕분에 내가 예진보다 좋은 사람이 될 수 있다고 믿는다. 내가 손해를 봐도 상대가 기쁘다면 내 기분이 좋아진다. 관념의 나무에 물을 줬기 때문이다. 그래서 나는 사랑을 통해 '기쁨'을 느낀다. 기쁨은 사랑의 목적이자 선물이다. 철학은 군더더기가 없을수록 좋다. 상대로 인해 기쁘면 사랑이고, 즐겁지 않다면 사랑이 아니다.

세상은 만만치가 않아서 주고 빼앗기기는 쉬운 반면, 받고 빼앗기는 어렵다. 직장인들이 흔히 내뱉는 푸념이 사실을 노골적으로 드러낸다. "남의 돈 먹기가 어디 쉽나."

세상에 흩뿌려진 수많은 반경 1미터들은 저마다 자원을 안으로 끌어오고 싶지, 웬만해서는 밖으로 내보내고 싶어 하지 않는다. 그래서 관계에 있어 우리는 거래를 틀 수밖에 없다. 우리는 무언가를 내주면 마이너스가 되고 받아오면 플러스가 되는 단순한 공식의 세계에 산다. 그러나 1미터 안에 사랑을 키우면 이야기가 달라진다.

사랑은 '관념'을 수반하는 기쁨이기 때문에, 일반적인 거래의 법칙을 벗어난다. 사랑은 사랑하는 대상에게 영역 안의 재물을 내주는 행위에도 기쁨을 느끼게 한다. 사랑하는 사람에게는 주는 것도 받는 것도 기쁘다. 사랑은 가장 손쉽게 행복의 양을 늘릴 수 있는 장치다. 우리는 행복을 위해 매 순간 투쟁하며 산다. 다른 무기들이 맨주먹과 돌과 몽둥이라면 사랑은 장전된 총이다. 이토록 유리한 무기가 있다면 당연히 전쟁터에 들고 나가야 한다.

했던 말을 또 하더라도, 책이라는 길에서 엇나가지 않게 거듭해서 직진 이정표를 세우고 싶다. 사랑할 대상을 찾고 품는 일은 사랑을 주기 위해서가 아니다. 사랑을 줌으로써 행복해지기 위해서다. 사랑 자체의 위대함에 대해서는 굳이 이 책이 아니라도 알려줄 이들이 많다. 위인전 목록에 보이는, 타인을 위해 낮은 곳으로 자신을 내던진 분들이다. 불행인지 다행인지는 각자의 판단에 맡길 일이다. 다만 철학에는 그런 것에 감동할 만한 체온이 없다.

행복은 평생에 걸쳐 반경 1미터 밖에서 안으로 유입된다. 예를 들어 부모님의 사랑, 친구와의 우정, 타인의 따뜻한 시선, 지금 마시는 그윽한 차, 오늘의 외로움을 달래주는 서늘한 술맛 등이다. 결코 장마철의 빗물처럼 꾸역꾸역 흘러들어오지 않는다. 가끔 거미줄에 걸려주는 고마운 먹이처럼 들어온다. 이렇게 생겨나는 기쁨을 반경 1미터를 밝히는 전기라고 생각해 보자. 사랑은 행복을 생성하는 발전기와 같아서 꾸준하게 전구를 빛나게 한다.

인간에게 가장 탐스러운 대상은 인간이다

사랑의 대상이 되는 사물과 상황은 다양하다. 취미활동, 수집, 무언가의 팬이 되는 것 모두 사랑이다. 특별히 운이 좋으면 자신의 직업을 사랑하게 될 수도 있다. 배우자보다 일을 더 사랑하는 사람도 존재한다. 그것은 그만의 방식이다. 하지만 나로서는 보통의 경우를 이야기하지 않을 수 없다. 사랑의 행위는 기쁨의 전기를 생산하는 발전 활동이다. 그러므로 노력과 감정이 많이 소모되는 대상일수록, 사랑은 효율적으로 기쁨을 생산한다. 그 대상은 높은 확률로 인간이다. 타인을 사랑하는 사람은 행복하다.

연애란 거울을 보는 것과 같다. 사랑에 빠지지 않는다면 주어도 받아도 만족스러운 대상은 자기 자신뿐이다. 사랑의 거래를 잘 하는 연인은 사랑을 주는 일과 받는 일이 완전히 같은 행위라는 사실을 안다. 내가 그를 사랑하는 만큼 그는 내게 사랑받는다. 사랑받은 이는 받은 만큼의 사랑을 되돌려준다.

물론 연인은 고통도 거래한다. 원망과 의심도 사랑과 마찬가지 원리로 작용한다. 주는 만큼 받고 받은 만큼 준다는 등가교환의 원리는 거울처럼 명확하다. 내가 거울 앞에 있으므로 거울은 나를 비춘다. 나는 거울에 비친 나의 상을 보고 안도하기도 하고 불쾌해 하기도 한다. 이것이 인간관계의 가장 기본적인 구성원리다.

연인이나 배우자 사이의 사랑에만 국한된 이야기가 아니다. 우정, 동지애, 연대의식 등 사랑의 형태는 다양하다. 아이를 입양해 애정을 쏟으며 잘 키우는 사람을 보고 우리는 보통 선량하다고 한다. 하지만 누차 말하듯이 이 책은 선악에 대해서는 관심이 없으며 오직 기술적 차원에서 접근한다. 입양아를 사랑하는 양부모는 행복의 기술을 잘 체득한 사람이다. 그는 사랑할 대상을 선택했고, 오래도록 기쁨을 채굴할 풍부한 광산을 마련했다.

타인에 대한 사랑이 사랑 중에서도 특별한 이유가 있다. 인간은 누구나 복잡하고 고유한 존재다. 너무나 고유한 나머지 누구도 그 사람을 대신할 수 없다. 같은 모델의 자동차처럼 유사한 인간은 없다. 우리 각자의 반경 1미터 안의 우주는 너무나 독립적이어서, 쌍둥이조차도 자동차와 도자기 사이의 거리만큼 다르다. 그러므로 다음과 같이 동어반복일 만큼 당연한 공식이 도출된다:

"대신할 수 없는 존재를 사랑하는 기쁨은 대신할 수 없는 특권이다."

인생은 만남으로 채워져 있다

둘도 없이 친한 친구와 술잔을 나누면서 과거로 돌아간다면 어떤 선택을 하겠느냐는 흔한 주제로 수다를 떤 적이 있다. 친구는 아내와 아들 이야기를 했다. 그의 어린 아들에게는 다른 아이들에게는 없는 아픔이 있다. 친구가 아이를 키워온 시간은 고통과 간절함으로 가득하다. 고생이 아직 끝나지도 않았다. 아들을 위해서는 다달이 많은 돈이 필요하기에 하던 일을 그만두고 새로 사업을 시작해야 했다. 그나마도 사업이 커지기 전까지는 세 가지 일을 해야만 했다. 그 과정에서 친구는 건강을 크게 잃었다.

그런데도 친구는 과거로 돌아가면 다시 아내를 만나겠다고 했다. 같은 시기에 연애하고 같은 날 결혼해, 다른 아이일 수가 없는 지금의 아들을 다시 낳겠다고 했다. 그는 이미 아들과 만났고, 아들과 사랑에 빠져버렸다. 친구는 확신을 가지고 말했다. 고통이 반복되더라도 이제는 그 아이가 아니면 안 된다고.

나는 친구의 이야기에 깊은 감동을 받았다. 그때 그의 말을 가끔씩 음미한다. 대화를 나눴던 시공간도 구체적으로 기억한다. 우리는 횟집에 있었고, 내가 휴대폰으로 시간을 확인했을 때는 밤 12시 37분이었다. 술을 팔 만한 다른 곳은 길 맞은편에 있는 가게 둘을 빼고는 모두 문을 닫았다. 어른어른 빛나는 원형 수족관 안에서 아직 목숨이 팔리지 않은 광어 두어 마리가 사념에 잠긴 듯 파란색 바닥에 조용히 배를 깔고 있었다. 감동 속에서, 문득 철학과 삶의 관계에 대한 확신이 생겼다.

철학은 삶과 직결되지 않는 문제를 고민하는 데 많은 언어를 사용한다. 철학은 지나칠 정도로 엄밀하고 지루하게 보편성을 추구하며 철학 전공자들까지 학을 뗄 정도로 끝까지 학문적 의심을 거듭한다. 하지만 철학의 시작은 반드시 삶에 대한 질문에 있으며, 결론 또한 삶의 문제로 귀결된다. 어떤 철학도 진짜 철학은 삶에서 출발해 삶으로 되돌아온다는 점에서는 예외가 없다.

삶은 만남으로 채워져 있다. 마주침이라 해도 좋다. 행복도 불행도 내게 다가와 나와 만나는 것이다. 늦은 오후 커피 한 잔이 주는 즐거움도 나를 찾아와준 만남이다. 추억도 상처도 모두 만남의 흔적이다. 한국인이라면 태어난 순간에 한국과 만났다. 귀화인이라면 귀화의 계기가 된 여행이나 취업에서 한국과 만났다. 나를 제외한 사람들과의 모든 관계 역시 만남에서 시작된다.

자식을 자신의 일부라고 믿는 사람은 자녀를 개조하려고 한다. 자식의 학력, 취직, 결혼, 성공을 자신이 설정한 기준에 맞추려고 한다. 자식은 신체 부위와 같으며 자신의 삶은 자식을 통해 완성된다. 누구보다 자식을 사랑한다고 주장하지만 사실은 자신만을 사랑하는 것이다. 나는 이런 부모 밑에서 자란 사람을 알고 있다. 그는 전교 1등을 놓칠까봐 벌벌 떨며 학창시절을 보냈다. 그가 부모에게 얼마나 적대적이고 무감정한지, 부모는 꿈에도 모른다. 오히려 그들은 자식에게 배신감을 느낄 만반의 준비가 되어 있다.

'내가 지금까지 너에게 어떻게 했는데!'

아무것도 하지 않았다. 애초에 관계가 없었기 때문이다. 그들 사이에는 사실 만남조차 없었다. 그분들에게 양육은, 같은 부류의 부모들과 마찬가지로 관계가 아니라 자기계발이나 성형이었다. 그래서 자식이 어떤 인간인지 알지 못한다. 무엇을 할 때 행복하고 무엇을 두려워하는지와 같은 구체적 특징으로부터 동떨어져 있다. 수능 모의고사 성적은 기억하지만 인격에 대한 이해는 전혀 없다.

만남은 생산이나 구매가 아니다.

만남은 물들임이 아니라 마주침이다

흔히 세간에서 사랑이 아니라 집착이라고 비판받는 감정은 공통된 결함을 갖고 있다. 만남은 두 개의 독립된 영역이 마주치는 사건이다. 우정과 모성애 등 모든 종류의 사랑에서 마찬가지다. 자신과 상대가 각자 반경 1미터의 배타적 영역을 소유하고 있다는 사실은, 단순하고 명백한 사실이기에 있는 그대로 받아들여야 마땅하다. 이 사실을 외면하면 상대를 체포해 반경 1미터 안에 끌고 와 가둔 다음 자신의 소화액으로 용해하려고 한다. 상대는 저항하거나, 저항을 먼 훗날로 유보하고 유순함을 연기한다.

바로 앞에서 든 사례의 주인공은 사회적으로 성공한 직업을 가지는 데 성공했다. 이 글을 쓰는 현재 그는 부모에게 복수하기 위해 일부러 자신을 함부로 대하는 이성을 만나 버는 돈의 거의 전부를 바치며 산다. 체세포 조직이 몸의 주인에게 복수하려면 스스로 암세포가 되는 수밖에 없다. 그는 부모의 일부로 용해되었기에 그에게 자기파괴와 저항은 동의어다. 그에게 자기파괴는 즐거울 뿐만 아니라 쉽다. 자라면서 인격, 욕망과 같은 고유함을 인정받지 못했기에, 고유함을 내버리는 일이 하나도 어렵지 않은 것이다.

행복의 원리는 단순하기에 행복한 결혼과 행복한 양육의 구조는 같다. 불행한 결혼과 불행한 양육의 구조도 동일하다. 상대를 자신의 일부로 용해하려는 행동은 거울이 아니라 예전에 찍은 자기 사진을 보는 것과 같다. 거울은 시시각각 다른 모습을 보여준다. 살이

졌을 때가 다르고 피곤할 때가 다르며, 화장한 후가 다르다. 그러나 거울 대신 사진을 바라보면 고정된 이미지에 시시각각 현실을 끼워 맞춰야 한다. 현실이 자식일 경우에는 자신이 설정한 학력과 직업에 끼워 맞추기 위해 자식을 사육한다. 남의 불행으로 자신의 행복을 구매하는 행위지만 정작 자기도 행복하지는 않다.

타인은 살아서 움직이는 존재이기에 결코 나의 뱃속에서 완전히 소화되지 않는다. 행복을 기대하고 결혼했는데 막상 우울증을 느끼는 사람은 높은 확률로 대체 불가능한 바로 그 사람이 아니라 자신이 기대하는 신랑감이나 신붓감을 선택했다. 그들에게 배우자는 꼼꼼히 살펴보고 주문한 기성품에 불과하다. 만남이 아니라 구매인 것도 문제지만 한 발 더 나아가 물건 값으로 자신의 삶을 지불했다고 생각한다. 그렇기에 배우자가 올바로 기능하지 못하면 울분에 찬다.

원하는 행동과 태도를 뜯어내기 위해 배우자에게 폭력을 휘두르는 남성은 계속해서 폭력적이다. 몇 번의 폭력으로 배우자에게 굴복을 받아냈다고 해서 폭력을 멈추지 않는다. 그는 거울을 향해 사진이 될 것을 요구하는데, 거울 속의 상은 움직이고 변화하므로 처음부터 영구적인 불만족은 정해져 있다.

남성에게 완력이 있다면 여성에게는 언어라는 무기가 있다. 그리하여 끝없이 남편을 힐난하고 자존감을 깎아내리며, 지인들을 상대로는 남편을 험담하며 동의를 얻어낸다. 이 행동은 자식에게 아버지가 나쁜 사람이라고 설득하는 데에까지 나아간다. 물리적

폭력이 언어폭력보다 나쁘다는 것엔 의문의 여지가 없지만 자신의
무기로 상대를 억압한다는 점에서 둘의 본질적 동기는 같다.

‡

사랑은 만남을 소중히 하는 데에서 시작된다. 만남은 내가 원하는 조건
의 목록을 구비한 사람이 아니라, 다른 누구도 아닌 바로 '너'여야
하는 이와의 마주침이다. 종교철학자 마르틴 부버Martin Bube는 《나
와 너》에서 만남에 대해 이야기할 때 '나와 너'의 관계로 이해하는
사람과 '나와 그것'으로 오해하는 사람을 구분했다. '너'는 너 자체
로 선물이어야 한다. 그러기 위해서는 서로의 반경 1미터짜리 울타
리를 인지하고 존중해야 한다. 이것이 내가 만남과 관계에 실패해
오며 깨달은, 허탈하게 느껴질 정도로 단순한 진리다.

행복이라는 먹이를 지나쳐 보내지 않고 잘 잡아채려면 거미줄이
튼튼해야 한다. 나만의 발전기를 잘 가동하고, 전기가 바깥에 새어
나가지 않게 하려면 건물이 튼튼해야 한다. 울타리가 느슨하다고
반가운 손님이 자주 방문하지는 않는다. 허락 없이 들어오는 손님
은 침략자다. 방비가 단단해야 내 손으로 문을 열어 환영할 수 있다.

이제 나만의 단단한 1미터를 구축해야 한다. 어렵고 막연해 보이
지만 쉽다. 1미터의 방벽이 원래 단단하다는 사실, 혹은 단단해질
준비를 이미 마쳤다는 사실을 아는 순간 우리는 웅장한 성벽의 소유
자가 된다.

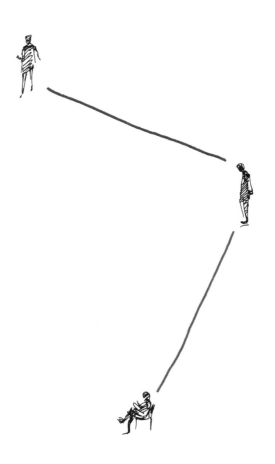

4장

세상에서 가장
단단한 1미터

"철학을 하는 목적은 자유인이 되는 데 있다."

스피노자 **Baruch Spinoza**

발밑의 반경 1미터 경계선을 다시 내려다보자. 나무로 얼기설기 이어진 울타리와 군데군데 허물어진 부분이 보인다면 착시다. 아무것도 보이지 않는다면 안개가 끼었기 때문이다. '정신 똑바로 차리고 살아라'라는 말에 흔들려도 쓰러질 필요는 없다. 단단한 성벽에 기대면 된다. 성벽은 누구도 건드릴 수 없는 나의 소유물이며, 비록 보이지는 않아도 믿고 몸을 기대면 우리를 잡아줄 것이다. 종교적인 믿음의 문제가 아니다. 성벽은 정말로 존재한다.

하지만 스스로를 견고하게 지켜내자는 주문은 얼핏 보면 몹시 막연해 보인다. 우리는 태어나면서부터 사회와 타인의 보호를 받으며 자란다. 보호란 다른 한편으로 억압이기도 하다. 길거리 한가운데에서 아랫도리를 내리고 오줌을 누거나 지나가는 사람들에게 함부로 오물을 던져도 혼나지 않는 어린아이는 거의 없을 것이다. 교육은 필연적으로 억압의 한 형태다. 한 인간의 성장에서 억압은 불가피하다. 그러나 모든 억압이 불가피하지는 않다.

서른 살이 넘도록 취직에 실패하면서도 느긋하기란 힘들다. 오랜만에 만난 친구가 나는 엄두도 낼 수 없는 시세의 주택을 소유하고 있다는 소식 앞에서 마냥 아무렇지도 않기는 쉽지 않다. 늦도록 결혼하지 않은 채 명절날 친척 집에 방문해 어른들의 걱정스러운 시선을 받을 때 조금도 불편하지 않기란 어렵다. 세상에는 나의 행복에 딱히 의미가 없는 억압도 있다.

‡

성벽을, 나의 반경 1미터 내부를 지키는 갑옷으로만 생각해서는 곤란하다. 단단한 성벽은 오히려 나의 삶에 필요한 것과 불필요한 것을 구분하는 경계선으로서 더 큰 쓸모가 있다. 다행히 우리는 경계를 긋기 위해 실패의 경험을 축적할 필요가 없다. 마침 자기 자신을 현대적 개인의 한계와 가능성을 실험하는 재료로 사용한 철학자가 있다. 나에게 이 책을 쓰라고 명령한 바뤼흐 스피노자다.

인간은 강제로 태어나 멋대로 불리고 교육당한다

스피노자는 1632년 11월 24일 네덜란드 암스테르담에서 태어났다. 그런데 스피노자 가문은 비극을 품고 있었다. 스피노자의 친할머니는 마녀재판을 받아 화형당했다. 우리는 각자의 나라에서 각자의 사연을 품은 집안과 부모에게서 태어나 그에 영향을 받을 수밖에 없다. 스피노자도 마찬가지였다.

스피노자 가문의 고향은 에스파냐다. 다시 말해 스피노자 가문 사람들은 유대계 에스파냐인이었다. 당연히 에스파냐 유대교 커뮤니티의 일원이었다. 근대가 시작되자 에스파냐에는 마녀사냥이라는 보수 반동이 휘몰아쳤다. 스피노자 집안은 1492년에 추방 명령을 받았다. 이베리아반도에서 그들이 갈 곳은 그나마 문화와 언어가 비슷한 포르투갈뿐이었다.

스피노자, 포르투갈어로는 '지 에스피노사' 가문은 포르투갈에서 그럭저럭 산 모양이다. 하지만 마르틴 루터에 의해 종교혁명이 일어나고 유럽이 종교전쟁의 소용돌이에 빠져들자 상황은 험악해졌다. 가톨릭을 사수한 이베리아반도에서는 이교도 혐오가 끓어올랐다. 포르투갈은 국내 유대인들에게 개종과 죽음 중 하나의 선택을 강요했다. 온 유대인 가문이 가톨릭으로 개종했다. 그러나 속으로는 은밀하게 유대교 신앙을 이어나갔다.

개종한 유대인들을 에스파냐어로 꼰베르쏘Converso, 포르투갈어로 꽁베르수Conversor라고 한다. '전향자'라는 뜻이다. 어디까지나 공식 명칭일 뿐 실제로는 '마라노Marrano'라고 불렸다. 마라노는 돼지를 뜻한다. 돼지고기를 더럽게 여기는 유대인들을 비하하기에는 딱 좋은 별명이었다. 마녀로 고발당한 스피노자의 할머니도 그곳에서는 한 마리 마라노에 불과했다.

스피노자의 할아버지인 '이삭'은 아내가 화형대에서 산 채로 불타는 모습을 보았다. 배우자를 화형한 국가에서 자식들을 키울 수는 없었다. 이삭은 엄마 잃은 자식들을 끌고 프랑스로 이주했다. 국왕 앙리 4세가 유럽 최초로 종교의 자유를 보장하는 낭트 칙령Édit de Nantes을 반포한 나라 프랑스는 이삭에게 가장 이상적인 도피처로 보였다. 하지만 낭트 칙령이 보호하는 대상은 가톨릭교도와 개신교도뿐이었다.

‡

이삭은 낯선 곳에서 피를 토하는 노력으로 삶의 기반을 마련했다. 그러자 기다렸다는 듯이 1615년, 프랑스에서 추방 명령을 받았다. 남은 곳은 종교적 자유에 가장 개방적인 네덜란드였다. 신생국가 네덜란드는 상공업의 발달을 꾀하기 위해 유대인 이민에 적극적이었다. 당시 유대인은 동아시아를 제외한 유라시아 대륙 전반에 걸쳐 활동했다. 유대인들은 자신들끼리 신용을 지켜가며 금융을 거래한다. 따라서 네덜란드는 종교의 자유를 보장해주고 유대인 커뮤니티를 유치한다면 국제적인 금융 네트워크를 구축할 수 있다는 계산을 세웠다.

네덜란드는 히브리어로는 '시너고그', 네덜란드어로는 '요덴뷔르트Jodenbuurt'라고 하는 유대인 자치 거주구역을 허가했다. 그렇게 에스파냐와 포르투갈은 물론 유럽 각지에서 추방된 유대인을 스펀지처럼 흡수했다. 스피노자 가족이 네덜란드 국경을 넘어 처음 당도한 곳은 로테르담이었다. 이삭은 가족을 먹여 살릴 기반을 만드는 일에 남은 생애를 갈아 넣었다. 그는 많은 유대인들이 그렇듯이 상업에 도전했다.

이삭은 로테르담에서 자식들을 위해 건강을 포기하고 일에 매진하다가 마침내 1627년, 기력을 모두 소진해 그 처절했던 삶을 마감했다. 유대인의 거주구역만 갓 완공되었을 때였다. 유대인을 위한 묘지는 아직 없었다. 이삭은 공동묘지 외곽의 공터에 묻혔다. 하지만 묻히는 장소보다 중요한 것이 있었다. 유대인들은 사망한 이삭의 시신에 포경수술을 했다. 포경수술은 유대인의 중요한 정체성 가운데 하나다. '마라노' 취급을 받을 때는 감히 할 수 없었다. 너무나 탄압에 시달린 나머지 유대인들은 동포를, 죽어서라도 진정한 유대인으로 묻어주어야만 했다.

스피노자는 이토록 어른들이 정체성에 집착하는 집단에서 태어났다. 이삭의 사업체를 물려받은 큰아들 미겔은 아버지 못지않게 열심히 일해 집안을 크게 일으켜 세웠다. 스피노자 집안은 국제 무역도시 암스테르담에 입성했다. 바뤼흐 스피노자는 할아버지가 사망한 뒤 5년이 지난 1632년 암스테르담 유대인 거주지에서 부유한 무역상 미겔의 둘째아들로 태어났다.

아이의 이름은 '바뤼흐Baruch'로 지어졌다. 히브리어로 '복 받은 자'라는 뜻이다. 한국어 성서에서는 '바룩'이라는 이름이다. 이제 집안을 억눌렀던 공포와 고난이 끝났다는 선언이었을까? 바뤼흐 스피노자의 세대만큼은 편안히 복을 누리기만 하면 될 것 같았다. 하지만 타고난 조건이 복되기만 할 수는 없다.

‡

네덜란드가 처음부터 개방성을 자랑하는 나라는 아니었다. 유대인들을 받아들인 이유는 어디까지나 국제 금융 네트워크를 가지기 위해서였다. 네덜란드는 훗날 개방적인 나라가 되었지, 처음부터 개방적이지 않았다. 네덜란드인들은 필요에 의해 유대인 공동체를 참아줬다. 이런 미묘한 기류를 유대인들이 몰랐을 리 없다. 유대인들은 네덜란드에서만큼은 쫓겨나지 않기 위해 네덜란드 사회를 '거스르지 않는다'는 암묵적인 태도를 공유했다.

유대인들은 자치구 바깥에서는 네덜란드 사회의 눈치를 보며 유순하게 굴었다. 반대로 자치권을 허락받은 내부에서는 급격히 우경화되었다. 시신에 칼을 대 포경수술을 할 정도로 순수한 유대인의 혈통과 문화에 집착했다. 탄압받은 서러움을 보상받고 목숨을 위해 변절했던 과거를 지우기 위해서였다.

스피노자는 태어나면서부터 암스테르담 유대인 거주지의 주민이었다. 즉 태어났다는 이유만으로 그의 삶에는 특정한 생활방식과 믿음의 장막이 드리웠다. 정도의 차이만 있을 뿐 우리도 마찬가지다. 한국에서 태어난 사람이라면 자신의 의지와 상관없이 한국의 경제적, 역사적 토대에 놓인다. 태어난 죄밖에 없으므로, 이것은 누구에게나 무조건 강제적이다.

한국인은 외국인에 비해 연장자와 선배들에게 깍듯할 것을 더 강하게 요구받는다. 일본에서 태어난 여성이라면 더 순종적일 것을 요구받는 것처럼 말이다. 산업화세대로 태어난 분들은 후배 세대보다 근면하고 집단주의적이어야만 했다. 개인의 창조성과 자율성은 지금보다 훨씬 억압받았다. 상상력을 억누르고 병정처럼 명령에 복종해야 제대로 된 사회의 구성원으로 인정받을 가능성이 높았다. 1980년대 이후에 태어난 한국인은 더 많은 자율성을 보장받았지만 각박해진 취업 시장에서 고용주에게 간택받기 위해서는 '알아서' 쓸모를 증명해야 한다. 각자의 상황이 다른 만큼 받아내는 억압의 형태도 다르고 사고방식도 달라진다.

부모와의 만남도 강제적이다. 성장하면 의지에 따라 가족을 이룰 수 있는 권한이 주어지지만, 우리에게 최초의 가족은 강제로 주어진다. 부모의 경제력, 성격, 가치관은 우리를 돕는 동시에 한편으로는 나름의 감옥에 가둬놓는다. 몹시도 보수적인 아버지 밑에서 자란 사람이 있다고 해보자. 그는 아버지에게 순종한 결과 생활

습관과 성적 가치관이 보수적인 사람이 될 수도 있다. 거꾸로 마음속으로나마 반항한 결과 성인이 되어 의식적으로 개방적인 사람이 될 수도 있다. 두 경우 모두 아버지의 영향에서 자유롭지 못하다.

탄생, 성장, 출신지, 교육은 내가 정할 수 없지만 나에게 무언가를 강요하고 주입한다는 점에서 필연적으로 억압이다. 억압이라는 단어에 약간의 신경을 써주기 바란다. 우리는 책속에서 이 말을 하나 이상의 관점에서 바라보게 될 것이다.

살아가는 한 억압은 피할 수 없는 필연이다

우리가 고통과 의무감, 압박을 느끼는 순간을 고찰해보면 원인이 크게 두 가지로 나뉜다.

첫째, 내 행동에 따른 결과. 보통 인과응보나 업보로 불린다. 이것은 대가다.

둘째, 나의 선택과 상관없이 주어진 결과다. 이것이 억압이다. 억압은 그야말로 도처에 도사리고 매복하고 있다가 하루에도 몇 번씩 우리를 덮친다.

암스테르담의 유대인 자치구 주민들에게는 강력하게 원하는 존재가 있었다. 자신들을 일으켜 세워줄 무리의 정신적 지도자였다. 즉 시너고그를 제2의 예루살렘으로 부흥시켜 줄 율법학자 겸 장로,

랍비였다. 랍비가 되어줄 아이를 물색했더니, 당연하다는 듯이 바뤼흐 스피노자가 낙점되었다. 스피노자는 눈에 띄는 신동이었다. 이때 그의 나이 다섯 살이었다.

돈 있는 유대인 상인들은 돈을 갹출해 어린 신동에게 최고의 교육을 제공했다. 수학, 광학, 물리학, 종교학, 어학에 과외선생을 붙여줬는데 그중에는 사회적으로 인정받는 대학자도 있었다. 운이 좋았다고 봐야 할까? 다섯 살 때부터 한 명의 개인이 아니라 공동의 자산 취급을 받는 것은 좋은 일일까, 나쁜 일일까?

슬프게도 혹은 다행스럽게도 스피노자는 호기심을 참기에는 너무 명석했다. 개방적인 네덜란드에서 그는 가톨릭교도와 개신교도 모두와 사귀며 자라났다. 개신교의 다양한 교파에 소속된 사람들과 이야기를 나눴고, 그중에는 소수파인 퀘이커 교도도 있었다. 그러나 그가 충성할 종교는 처음부터 유대교로 정해져 있었다. 그는 기독교에서는 구약성서에 해당하는 '타나크'를 토씨 하나까지 달달 외며 자라야 했다.

문제는 스피노자가 아무리 생각해도 구약에 동의할 수 없었다는데 있었다. 그가 보기에 구약은 너무 뻔한 순환논리였다. 구약은 진실이며 옳다. 하나님의 말과 뜻이 그렇다고 하니까 옳다. 그럼 하나님의 뜻이 언제나 옳다는 건 어떻게 증명하는가? 구약에 그렇게 쓰여 있다. 구약을 어떻게 믿는가? 하나님의 뜻으로 쓰였으니까….

스피노자의 생각은 야훼 하나님이 실제로 존재하기는 하느냐는 의문으로까지 이어졌다. 존재한다고 치면, 굳이 왜 화 잘 내는 인격신이어야만 하는지도 의심스러웠다. 인자한 할머니 같은 인상과 성격일 수도 있는 일이다. 그것도 아니면 우주를 관통하는 수학적 질서일 수도 있다. 그렇다면 하나님의 '성격'을 논할 일이 아니다. 무감정하고 비인격적인, 숫자와 각도와 공식으로 이루어진 존재여야 할 테니 말이다.

스피노자는 동의하지 않는 것에 고개를 끄덕여야 하고, 싫은 일을 해야만 할 상황에 처하고 말았다. 전통을 번듯하게 복원하고픈 유대인 사회의 집착이, 과거의 서글픈 역사에 아무런 책임도 없는 한 아이를 억압하게 되었다. 이런 상황은 우리에게도 시시때때로 다가온다.

‡

명절이 되면 제사를 둘러싼 스트레스와 갈등이 여론을 뜨겁게 채운다. 며느리는 다른 가정의 조상님을 위해 밤을 새며 전을 부쳐야 하고, 아들은 '며느리의 의무'를 입에 담기도 면구해서 운전석 시트 대신 가시방석에 앉아 눈치를 보며 십 수 시간을 운전한다. 왜 수많은 부부가 제사상 차리기에 체력과 감정이 소모되어야 할까? 스피노자의 할아버지가 죽고 나서야 받았던 포경수술과 제사는 근본적으로 같다.

농경사회 시절 한반도에 살고 있던 사람들은 대체로 가난해서 그럴듯한 양반 제사상을 차리기가 곤란했다. 그래서 제사상이라고 하지만 결국 소박한 밥상이어서 차리기 쉬운 동시에 평소보다는 풍성한 차림이라 배불리 먹는 명절의 즐거움이 있었다. 또한 농경마을 커뮤니티에서는 모두가 함께 품앗이를 하며 명절을 준비한다. 분업화가 되면 일의 효율이 늘어나는 것은 두말할 나위도 없다. 집성촌의 경우에는 제사가 이집 저집 얽혀 있기에 한 사람이 감당한 몫은 더욱 줄어든다. 그리고 과거의 환경에서 모든 노동은 대체로 마을 내에서 행해졌다. 명절 노동 또한 평소처럼 짚신을 꼬고 초가지붕을 고치는 대신 하루 이틀 음식을 준비하는 것에 불과했다.

사람에게는 누구나 신분 상승에 대한 욕구가 있다. 한국인은 근대를 거치며 모두가 양반이 되기를 꿈꿨다. 상다리가 휘어지는 요란한 제사상은 신분 상승에 성공했다는 성적표 역할을 했다. 전쟁통 난리와 가난 때문에 제사를 지내기가 힘들었던 기억은 그럴듯한 제사에 대한 집착을 더욱 끈끈하게 만들었다. 산업화에 성공하면서 많은 국민이 그럭저럭 먹고 살 수 있는 단계에 진입하자 독재 정부는 때맞춰 '가정의례준칙'을 내놓는 서비스 정신을 발휘했다. 여기에는 양반 제사를 지내본 적 없는 서민들이 그대로 따라만 하면 심리적 만족감을 누릴 수 있는 그럴듯한 제사상 차림이 포함돼 있었다. 이러한 역사적 토대에 의해 오늘날 한국의 노년층은 제대로 된 제사상에 집착하게 되었다.

이제 과거로부터 어떤 영향도 받지 않은 젊은 층의 사정이 덩그러니 남는다. 더 이상 농사와 생활노동을 품앗이로 하지도 않고 집 성촌에 살지도 않는다. 전혀 다른 성격의 노동을 하다가 명절이 되 면 쉬지도 못하고 과거엔 익숙했지만 지금은 이질적인 일에 투입된 다. 그리하여 조선시대에는 하인을 잔뜩 고용한 대저택에서나 구 경할 수 있었던 차례 준비를, 어르신들의 기분을 위해 고작 한두 명 이 며칠 밤을 새워 하게 되었다.

슬프게도 한국에서 젊은 층은 노년층에 빚이 있다. 제사에 집착 하는 세대는 자손을 위해서나 나라를 위해 특별히 많은 희생을 감 수했다. 그들은 전쟁과 세계 최악의 가난, 그리고 전투적인 산업화 과정을 거쳤다. 나머지 세대는 자신 혹은 부모가 그들의 헌신 덕분 에 그들보다 높은 교육을 받을 수 있었다. 그러니 즐겁지 않은 일을 왜 즐거운 척해야 하는지 도무지 이해할 수 없으면서도, 집안 어른 께 그만두겠다는 말을 하기는 영 곤란해졌다.

‡

억압은 산 넘고 물 건너 오랜 경로를 거쳐 눈덩이처럼 충분히 몸을 불린 후 우리에게 시시각각 다가온다. 명절 기간이 아니라 일상의 짧은 순간에도 억압은 있다. 직장에서 상사의 판단에 반대하는 의 견을 내놓아야 하는 순간에 놓였다고 해보자. 우리는 한국인으로 서 연장자이자 윗사람에게 한국인다운 공손함을 보일 필요가 있 다. 한편으로는 서구에서 발전한 자본주의가 권유하는 태도에 따라 자신 있고 명확하게 주장을 전달해야 한다. 이때 자신의 의견이 회사에 보다 이익이 된다는 주장과, 그런 제안을 할 줄 아는 사람이 바로 자신이라는 어필이 동시에 표현되어야 한다. 그러면서도 상사의 기분을 거스르지 않는 요령을 발휘해야 한다. 말투, 표정, 몸짓, 단어 선택을 한순간에 결정해 동시에 수행해내야 한다.

한국사와 서양사, 과거와 현대를 모두 아울러 고려해야'만' 하는 상황이 당연히 억압이 아닐 리 없다. 유교와 자본주의, 직장인이 처한 먹고사는 문제가 서로 절충하기는커녕 모두가 차곡차곡 누적되어 당사자가 져야 할 짐이 된다. 이상의 이야기는 그저 한두 가지 예에 불과하다. 대체 그 수많은 억압을 우리는 어찌해야 하는가?

우리는 저항군이 아니라 행복의 기술자다

우리는 억압에 어떻게든 대처해야 하며, 자기만의 대처법을 선택해야 한다. 주어진 보기 안에 적절한 대처법이 없다면 따로 개발해야 한다.

개발 방법은 간단하다. 우리에게는 1미터의 배타적 영지가 있기 때문이다. 모든 판단 기준은 반경 1미터에 있다. 억압은 우리에게 먹이를 준다. 제사상 차리기에 순응하면 다음 명절까지 평화를 살 수 있다. 매일같이 상사와 마주 보는 상황의 불편함을 감수하면 월급이 들어온다.

모든 억압에 순응할 필요는 없다. 그렇다고 모든 억압에 저항할 필요도 없다. 우리는 독립군이나 게릴라가 아니라 행복의 기술자다. 억압에 순응하면 나름의 행복과 고통이 1미터 안에 유입된다. 억압에 저항해도 행복과 고통은 서로 경쟁하듯 함께 들어온다. 갈림길 앞에 섰다면 답은 단순하다. 행복이 고통보다 큰 쪽을 선택하면 된다. 비겁해 보이는가? 그렇지 않다. 억압이라는 말이 가진 부정적인 뉘앙스에 속지 않기 바란다. 지금 이야기하는 억압은 일제의 식민통치도 아니고 군사독재 시절 감옥도 아니다. 그저 단어다.

옳고 그름의 가치판단에 휘둘리면 억압에 저항하지 않으면 안 된다는 강박에 시달린다. 강박은 나를 위한 판단이 아니라 나를 착취하는 판단이다. 나를 위해 생각하고 결론을 내리는 대신 강박 자체를 위해 말하고 행동하게 한다. 이런 실수의 가장 거대한 사례는 다름 아닌 사상이다. 진보주의가 자가당착에 빠지는 가장 큰 원인 가운데 하나인 탈근대주의Post modernism의 태도다. 그렇다. 학문적 조류조차도 개인과 같은 실수를 저지른다.

미셸 푸코Michel Foucault는 불후의 명저 《감시와 처벌》로 근대 체제가 사람들을 통제하는 구조를 조명해 20세기를 대표하는 철학자 가운데 한 명이 되었다. 우리를 통제하고 영향을 끼치는 사회적, 언어적 구조를 학문적으로 고찰하는 철학을 구조주의Structuralism라고 한다. 그러므로 미셸 푸코는 구조주의를 대표하는 철학자가 되어야 마땅해 보인다. 그러나 정작 그는 구조주의 사조와 냉정히 선을 그었다. 자신은 구조주의 철학자가 아니라 그저 계몽주의자라며

말이다.

미셸 푸코는 구조주의 철학을 하던 사람들이 빠진 오류에 동참해 줄 생각이 없었다. 그들은 통제구조는 곧 억압이니, 억압에 저항해야 한다는 윤리적 가치판단에 빠져버렸다. 다시 말해 구조주의는 인류가 이룬 근대의 성과에 저항해야만 한다는 이상한 사고의 늪에 빠진 것이다. 탈근대주의는 해체론Deconstruction으로까지 나아갔다. 모든 언어가 공통적으로 가진 문법의 필수요소와 같은, 인류의 태생적 구조에까지 저항해야 한다는 식이다. 왜 인간의 살을 뼈와 힘줄에서 해방시켜 줄 생각은 없는지 의아할 지경이다.

구조주의는 거품이 꺼져 철 지난 학문적 유행이 되었지만 전 세계의 진보 진영에 깊은 악영향을 남겼다. 기존에 존재해온 전통, 관념, 제도에 되도록 저항해야 한다는 괴상한 의무감을 지운 것이다. 미셸 푸코는 학교, 감옥, 공장, 군대, 병원이 공유하는 통제 시스템에 주목했다. 그런데 학자로서 구조를 밝혔을 뿐이지, 구조를 비난하지는 않았다. 그러나 그의 생각과는 다르게 저항은 옳거나 멋진 일로 둔갑되었다. 대안학교운동, 관료제에 대한 반감, 공장식 축산 반대, 양심적 병역거부, 백신 거부를 포함한 대체의학, 국가의 통제를 거부한다는 세계자유시민주의 등은 구조주의에서 나온 한 형제자매다. 이 남매들에게 열정을 바치는 사람들은 진보의 도그마에 빠지지 않은 이들의 짜증을 유발하곤 한다. 옳음과 좋음을 구분하지 못하기 때문이다.

개인적 차원에서도 마찬가지다. 무엇에 대해 저항해야 한다고 생각할 의무는 없다. 그러나 당연한 말이지만 저항이 행복을 주는 한 끝까지 저항해야 한다. 저항의 한계란 없다. 한계란 오직, 고통의 양이 즐거움을 넘어서기 직전일 뿐이다.

세상으로부터 개인을 어떻게 지킬 것인가?

스피노자는 두 가지에 열정을 바치며 성장했다. 하나는 학문이었고, 다른 하나는 렌즈였다. 사변적인 스피노자는 빛의 마법에 심취했다. 렌즈는 빛 자체는 아니지만 빛을 모으고 퍼트린다. 렌즈를 통해 빛의 성질을 이해할 수 있고 빛의 세계에 더 가까이 있을 수 있다. 당시 렌즈는 요즘의 반도체쯤에 해당하는 첨단산업 제품이었다. 천체 관찰의 도구로 급부상한 망원경에서 가장 중요한 부품이기도 했다. 스피노자의 렌즈 세공은 취미라고 할 만한 수준을 넘어섰다. 그는 직업 렌즈세공사가 되었는데, 유럽에서 손꼽히는 실력자였다. 스피노자가 특별 의뢰를 받아 만든 망원경의 렌즈로 발견된 별이 있을 정도다.

스피노자에게는 철학을 하며 렌즈를 깎는 삶이 가장 행복한 삶이 분명했다. 하지만 그가 열일곱이 됐을 때 형이 폐병으로 사망하고 말았다. 갑자기 장남이 된 스피노자는 아버지의 사업을 물려받아야 하는 의무를 지고 말았다. 그는 하기 싫은 경영 수업을 억지로 받아야 했다. 그러자 유대인 자치구 주민들도 스피노자에 대한 권리를 주장했다. 애초에 랍비가 되기로 한 아이였다. 아버지 미겔도 유대인이었다. 내 자식은 내가 알아서 한다고 큰소리치며 유대인 자치구 안에서 맘 편히 살기는 힘든 일이다. 결국 아버지와 이웃 어른들은 스피노자를 공동 소유하기로 했다. 그는 경영 수업과 랍비 수업 모두에 끌려 다니는 신세가 됐다. 스피노자의 삶에서 스피노자 개인이 사라져 버렸다.

스피노자가 스물한 살 때, 아버지 미겔도 폐질환으로 큰아들을 따라가고 말았다. 이제 가업을 이어야 하는 처지에 놓인 스피노자는 소송에 휘말렸다. 고소한 사람은 다름 아닌 누이였다. 딸도 유산을 나눠 받아야 한다고 주장한 것이다. 스피노자는 법정에서 유려한 언변으로 승소했지만, 정작 재산권을 지키고 나자 고민에 빠졌다. 경영권과 재산권은 분리될 수 없었다. 재산을 상속받고 부유한 무역업체의 경영자로 살 것인가? 스피노자는 싫었다. 그는 여동생에게 모든 유산을 넘겼다. 이어지는 법정 소송에서 스피노자는 채무를 정리하고 경영권에서 완전히 손을 떼는 데 성공했다.

‡

개인이 사라질 때 우리는 결정해야 한다. 개인을 지킬 것인가, 유보할 것인가? 이것은 틀린 질문이다. 개인을 지키는 것 외에 다른 답은 없다. 그러므로 옳은 질문은 이렇다.

"개인을 어떻게 지킬 것인가?"

스피노자에게는 렌즈 깎는 기술이 있었다. 그는 부유한 무역상 대신 고된 작업을 해야 먹고살 수 있는 노동자의 삶을 선택했다. 그는 개인을 지켰다. 그러나 착각은 금물이다. 억압이 준 먹이 대신 개인의 취향, 신념, 성격, 가난을 선택하는 용기, 도전, 고독을 선택하는 것만이 개인을 지키는 방법은 아니다. 이 책은 위인전과 같은 길을 제시하지 않는다.

단단한 개인이란 자신이 어느 때 조금이라도 더 행복한 사람인지 남의 도움 없이 판단하고 실행할 줄 아는 사람이다. 경영자의 삶이 체질에 맞는다면 고민할 게 없다. 내게 손을 내미는 삶이 나의 기질과 가치관에 반하면서도, 그 삶이 주는 부와 지위, 안락함만은 사랑스러울 때가 고민이다. 여기서 물질적 안정을 선택하는 것이 **굴복**은 아니다. 오히려 현실적 문제에 저항해야 한다는 강박에 휘둘려 주체적인 판단을 하지 못하는 편이 진짜 굴복이다.

주체적 개인은 자신의 반경 1미터 안을 잘 들여다볼 줄 안다. 남이 자신을 어떻게 판단할지 궁금해 하는 습관을 가진 사람은 남이 보는 방향에서 스스로를 보고, 1미터 반경의 울타리 겉면에 시선을 빼앗긴다. 그러나 울타리 안에 시선이 머무르는 사람은 세상이 자신을 가리켜 현실을 모르는 어리석음이라고 외친다고 자기 욕망을 의심하지 않는다. 세상이 등을 떠미는 쪽으로 쏠리지도 않는다.

스피노자는 순응과 저항 중에 저항을 선택했다. 그는 철학자로 살기로 결심했기에 당시에는 지금과는 비교할 수도 없이 비쌌던 책에 많은 돈을 써야 했다. 따라서 렌즈 세공으로 먹고살 그는 평생 가난할 수밖에 없었다. 저항은 억압이 주는 먹이를 빼앗는다. 세상에 공짜는 없다. 우리를 괴롭히는 어떤 불행이 자신이 내린 선택의 결과라면, 우리는 대가를 치렀다고 생각하는 편이 좋다.

각자가 안은 불행의 덩어리는 우리를 슬프고 억울하게 만든다. 이 덩어리에서 우리의 선택으로 쌓여온 부분은 따로 구분해 떼어놓을 필요가 있다. 그러면 슬픔과 억울함의 체중계 바늘이 보다 낮은 무게를 가리킬 것이다.

내가 나일 수 있다면 기꺼이 미움받겠다

스피노자는 철학자가 되기 위해 유대교에 대한 이웃들의 믿음과 싸워야 했다. 자신의 의지대로 진리를 추구하려면 반드시 거쳐야 할 전쟁이었다. 그는 구약의 명령인 십일조를 거부하면서 암스테르담과 로테르담의 유대인 사회에 선전포고를 날렸다.

랍비들은 논쟁에서 스피노자를 이길 수 없었다. 유일신의 인격을 의심받자 가톨릭 신부들까지 랍비 편에 서서 스피노자와 싸웠지만 줄줄이 논파당했다. 설득이 안 통하자 다음 차례는 회유였다. 이제라도 되돌아오면 유대인 커뮤니티에 받아주겠다고 했다. 유대인에게 유대인 사회는 세상의 거의 전부나 다름없다. 인간은 사회적 동물이다. 나고 자란 집단에서 쫓거나 유대인을 경멸하는 세상에 버려진다는 것은 보통 일이 아니다. 그러나 스피노자는 회유를 거부했다.

다음 차례는 계속해서 분란을 일으키다간 죽거나 다칠 수 있다는 은근한 협박이었다. 스피노자는 굴복하지 않았다. 그러자 유대인 사회가 스피노자의 눈치를 보게 되었다. 스피노자를 유대인 자치구 밖으로 놓아주면, 뛰어난 논리로 유대교의 교리를 산산조각 낼 수도 있었다. 유대인 거주지의 어르신들은 돈으로 해결하려고 했다. 자신의 철학을 펼치지 않고 입 다물고 살기만 하면 평생 두둑한 연금을 주겠다고 제안했다. 스피노자는 철학자가 되고 싶었으므로 이 역시 거절했다.

유대교 원로들은 암살을 기획했다. 열성 유대교 신자인 젊은이에게 신앙심을 증명하려면 스피노자를 죽이라고 종용했다. 웃지 못할 일이 벌어졌다. 암살자의 비수가 그의 옷을 뚫고 들어가 몸을 피해 다시 옷을 뚫고 나온 것이다.

천만다행으로 스피노자는 날씬했다. 스피노자는 살아남은 기념으로 이 옷을 평생 간직하며 걸어뒀다. 말이 안 통하는 사람을 겪을 때는 옷에 난 칼자국을 보며 세상에는 이성을 사용하지 않는 사람도 있음을 상기하고 그냥 내버려뒀다. 여기서 그가 펼친 행복의 기술을 알 수 있다. 그는 암살미수범을 증오하는 대신 그런 사람도 존재할 수 있음을 그냥 이해했다. 증오는 일상의 행복을 갉아먹기에,

버릴 수 있으면 버리는 편이 좋다는 계산에서였다.

‡

암살마저 실패하자, 마침내 스피노자는 종교재판에 끌려갔다. 유대교 사회가 보장받은 자치권은 네덜란드의 법령을 정면으로 들이받을 수는 없었다. 그럼에도 재판과 집행이 가능해서 저주와 추방 정도는 내릴 수 있었다. 스피노자는 법정에서 유대 사회의 권력자들을 향해 야훼를 부정한다고 선언했다. 당연히 재판은 유죄 판결로 끝났다.

유죄 판결을 받았으니 처벌이 집행됐다. 스피노자는 유대 교회로 끌려가 교회 문간에 엎드려졌다. 유대 사회 구성원 모두가 엎드려진 그의 등을 발로 밟고 실내로 입장했다. 모두의 의무였으므로 이중에는 그의 이웃은 물론 혈육도 있었다. 모두가 입장한 다음 마지막으로 스피노자가 실내로 끌려갔다. 그렇게 그는 가운데의 촛불을 바라보게 되었다. 커다란 대야에 짐승의 피를 담아놓고 그 위에 검은 색 양초를 띄운 물건인데, 하나가 아니라 참석자 수만큼 촛불을 띄웠다. 회당 안은 장막으로 빛을 차단해서 촛불로만 밝혀진 상태였다.

촛불은 스피노자의 영혼을 상징했다. 다 함께 저주의 제문을 외는 와중에 참석자들은 차례로 나와 자기 몫으로 할당된 촛불을 껐다. 마지막 촛불이 꺼지면서 완전한 암흑이 왔다. 어둠은 스피노자의 영혼이 소멸되었음을 상징했다. 의식이 끝날 때까지, 스피노자가 자신이 나고 자란 사회 구성원 전부의 합창으로 들은 저주의 내용은 끔찍하다 못해 전율적이다.

"지도자들은 우리가 선언하는 그 순간부터 스피노자를 파문하고 이스라엘 백성 안에서 축출하기로 결정했다. 천사들의 결의와 성인들의 판단에 따라 신과 신성한 공동체의 승인을 받아 631개의 계명이 쓰여 있는 이 신성한 두루마기 앞에서 우리는 바뤼흐 스피노자를 파문하고 저주하고 비난하며 제명하고 추방한다. 여호수아가 여리고성을 저주해 무너뜨린 그 저주와 엘리사가 소년들을 저주한 그 저주를 받고(엘리사를 조롱한 아이들이 찢겨 죽임을 당한 일) 율법서에 쓰인 그 모든 저주를 받으라. 낮에 저주받을 것이며 밤에 저주받을 것이다. 잠잘 때 저주받고 일어날 때 저주받으리라. 이 책에 적힌 모든 저주가 그에게 덮쳐지리라. 하나님께서 그의 이름을 하늘 아래에서 지울 것이오며 율법서에 쓰인 모든 저주로 하나님이 이스라엘의 모든 부족과 사람들을 악에 빠진 그로부터 떼어놓으리로다. 주여, 그에게 파멸을 내리소서. 어느 누구도 그와 대화하지 말 것이며 어느 누구도 그와 글로써 교제하지 말 것이며 그에게 친절해서도 안 되며 그와 한 지붕 아래 머물러서도 안 되며 그의 가까이에 가서도 안 되며 그가 쓴 책을 읽어서도 안 되느니라."

이렇게 제명이 완료되었다. 이때 스피노자의 나이 스물넷이었다. 그는 가난한 홀몸으로 추방당했다. 그러나 그는 좌절하지도, 분노하지도 않았다. 그의 반응을 보면 등을 밟히느라 꽤 아프고 기분도 상했던 모양이다. 하지만 홀가분했다. 자유를 얻기 위해 낸 세금이었기 때문이다. 대가가 필요하다면 치르면 된다. 이렇게까지 심하게 치러야 하나 싶지만 스피노자는 세상의 평균적인 기준이 아니라 반경 1미터 안의 욕망을 기준으로 삼았다.

개인이 자기 자신이기 위해서는 때로 미움받을 용기가 필요하다. 인간은 사회적 동물이기에 미움과 배척을 받으면 본능적으로 고통스러워 한다. 미움받지 않는 일은 행복을 위해 중요하다. 하지만 목적은 언제나 행복이어야 한다. 사람은 행복을 위해 살지, 미움받지 않기 위해 살지 않는다. 미움받을 고통보다 미움을 받고서라도 성취할 자유의 행복이 더 크다면 우리는 얼마든지 스피노자와 같은 선택을 할 수 있다.

그 무엇도 침범하지 못하는 나의 1미터

만약 한 사람이, 모든 사회로부터 비난받는다면 과연 그는 어떻게 살아남을 수 있을까? 단단해야 무너지지 않고 생존한다. 단단한 개인은 반경 1미터의 안팎을 구분하는 사람이다. 대단한 것이 아니다. 경계선을 내려다보며 심드렁하게 '여기는 안이고, 저기는 밖이다'라고 하는 일에 불과하다. 단단한 개인은 전 세계가 자신의 반경을 침공하려고 달려들어도 평온하다. 강인해서가 아니다. 무엇도 자신의 배타적 영지를 침범할 수 없음을 이미 알기 때문이다.

17세기 유럽인에게 유럽은 인류 세계 전부와 동의어였다. '인류'는 당연히 기독교인이었다. 스피노자는 인류 세계를 뒤집어엎는 반란을 획책했다. 먼저 그는 추방당하고 나서 가정교사로 먹고살다가 4년 후, 1660년 라인 강변의 조그만 마을 레인스뷔르흐에 체류하기로 했다. 1663년에는 포르흐부르로 이주했다. 여기서 그는 죽을 때까지 낮에는 렌즈를 세공하고 밤에는 철학을 연구하고 집필하는 고된 삶을 살았다. 그런데 그가 일관되게 추구한 것은 행복이다. 그는 조금이라도 더 행복하다면 인류 세계 전체로부터 미움받아도 괜찮다고 생각했다.

1670년, 스피노자는 《신학 정치 논고》를 발간했다. 이 책에서 그는 인격신이자 유일신의 존재를 논리적으로 부정했으며, 하나님의 역사하심도 없음을 규명했다. 한마디로 유럽 사회에 자살폭탄테러를 벌인 셈이다. 익명으로 출판했지만 소용없었다. 그는 집필과 출간에 라틴어를 사용했는데, 하필이면 라틴어 문학의 마지막 거장이라고 불릴 정도로 이 언어에 달통했다는 게 문제였다. 스피노자만큼 라틴어 문장을 유려하게 쓰는 사람이 없었던 탓에, 누구나 저자가 스피노자임을 알 수 있었다.

《신학 정치 논고》는 철학사상 최악의 분노를 불러일으켰다. 생전과 사후 그가 들었던 저주의 목록은 이루 다 셀 수 없다.

스피노자에 대한 명사들의 비난

• 토마시우스(라이프치히 대학의 철학과 교수)
"개화가 안 된 저술가, 신을 모독한 전형적인 유태인이자 완전한 무신론자, 소름끼치는 괴물"

• 디펠(외사 겸 화학자)
"우둔한 악마, 꽉 막힌 요술쟁이, 돌아버린 멍청이, 정신병원에서 값싼 공로를 세울 천치, 술에 취해 정신이 돈 사람, 넝마 같은 철학, 눈속임에 능통한 익살스런 광대놀음, 가장 유치하고 가장 비참한 소리"

• 슈투름(수학자 겸 물리학자, 뉘른베르크대학 교수)
"불쌍한 새끼, 기형동물, 악마의 저주받은 직관으로 가득 찬 사람"

• 무제우스(신학자)
"악마를 매수해 모든 신적이고 인간적인 권리를 완전히 파멸시킨 시공간에서 한 사람을 발견할 수 있다면 그는 스피노자다. 선천적으로 거대한 재앙을 타고난 사기꾼으로서 파괴의 작업에 제몫을 더한다. … 신에 대한 모독, 무신론으로 꽉 차 있어 참으로 지옥의 어둠 속에나 던져 버려야 할 책. 그 책은 지옥으로부터 인류에게 수치와 피해를 입히기 위해 세상에 태어났다. 지구에서는 몇 세기 동안 그보다 더한 파멸의 근원이 있어본 적이 없다"

• 볼테르
"형이상학을 가장 추악하게 사용해 만들어진 책"

• 라이프니츠
"견딜 수 없을 정도로 건방진 저술, 아연실색"

• 하만(철학자)
"건전한 이성과 학문을 해친 노상강도 겸 살인자"

《신학 정치 논고》를 비난하는 일은 전 유럽에서 사회적 유행이 되었다. 지식인 소리를 듣는 사람이라면 누구나 이 책을 열렬히 비난해 자기 수준을 증명하고 싶어 했다. 지식인뿐만 아니라 일반인들도 저주를 퍼부었다. 유행의 대열에 합류하려면 책을 사서 읽어야만 했는데, 덕분에 《신학 정치 논고》는 당시 유럽에서 베스트셀러가 되었다.

스피노자는 '악마의 하수인'으로 불리기 시작했다. 밤에 글을 쓰는 이유는 악마와 내통하기 위해서라는 소문도 돌았다. 사실 그가 밤에만 집필한 까닭은 렌즈 세공이 낮에 할 수밖에 없는 작업이기 때문이었다. 지금처럼 정교한 조명이 없을 때였다. 렌즈는 빛을 처리하는 물건이다. 흔들리는 촛불 아래에서는 렌즈가 잘 깎이고 있는지 검수할 수 없기에, 렌즈 세공 작업은 자연광이 비치는 낮에만 가능했다. 그러니 철학을 위한 시간은 자연스레 밤으로 밀려났다.

이토록 미움받는 대가로 스피노자는 철학자가 되겠다는 꿈을 이뤘다. 자기 생각이 그러한데, 생각 그대로 주장하지 않고 어쩌란 말인가? 철학자란 자기 생각을 밝히는 사람이다. 반경 1미터가 견고한 단단한 개인은 결코 초인이 아니다. 고통을 못 느끼는 사람이 아니다. 고통에 초연한 사람이 아니라, 초연하려고 노력하는 사람이다. 적어도 자신의 선택에 의해 맞닥뜨린 고통이라면, 자신이 치를 대가로 선선히 받아들이는 사람이다.

행복을 위해 기꺼이 고독해지겠다

스피노자는 세상에서 악마의 하수인으로 불리는 한편 물밑에서는 컬트적인 팬덤을 거느렸다. 감히 스피노자를 공개적으로 지지하지 못했을 뿐, 그의 철학에 동의하는 사람들이 생겨났다. 동의는 하지 못하더라도 그의 논리 전개 솜씨에 반한 팬들도 있었다. 스피노자는 많은 이들로부터 흠모의 대상이 되었다. 그중 일부는 이 철학자의 친구가 되는 데 성공했다.

철학사에서는 스피노자를 철저한 고독의 철학자로 이야기한다. 하지만 스피노자는 편지를 통해 다양한 사람들과 교류했다. 많은 친구들이 공화국을 꿈꾸는 인류 최초의 공화주의자들이었다. 그중에는 네덜란드 공화파의 지도자 얀 더 비트Jan de Witt도 있었다. 얀 더 비트는 민주주의의 역사를 이야기할 때 반드시 등장해야 마땅한 인물이다. 물론 다들 아시다시피 오늘날 네덜란드는 공화국이 아니라 왕국이다. 사실을 말하자면, 네덜란드에서 완성될 뻔했던 민주주의 실험의 바통을 미국이 이어받아 완성했다.

스피노자는 네덜란드 공화파의 이론적 지도자였다. 그가 민주주의와 현대적 개인, 근대 시민사회의 철학적 토대를 세운 것은 우연도 아니고 노스트라다무스와 같은 예언적 선견지명도 아니다. 민주주의는 그의 철학을 수원지 삼아 솟아나와 흘러 오늘날 강과 바다에까지 이르렀다. 공로를 통째로 가로채다시피 한 미국은 일부러라도 스피노자를 거론하지 않고 있지만 말이다.

스피노자는 동지들과 편지뿐 아니라 후원도 받았다. 스피노자를 후원하는 일은 어려웠다. 거금을 억지로 떠다 밀어도 그는 꼭 필요한 소액만 남기고 나머지는 그대로 돌려보냈다. 그나마 이런 식으로 돈을 받으면 유일하게 부리는 사치가 있었다. 썩 괜찮은 품질의 담뱃잎을 사서 파이프 담배를 한 번씩 즐겼다. 스피노자는 여관집의 방 하나에 세를 들어 죽을 때까지 살았는데, 여관 주인으로부터 큰 존경을 받았다. 스피노자는 파이프 담배를 즐길 때 꼭 주인과 나눠 피우곤 했다.

스피노자의 팬들 가운데 가장 부자는 아마 시몬 데 브리스Simon de Vries일 것이다. 스피노자도 부유한 상인의 아들이지만 시몬 드 브리스는 국제적인 부호로 아예 부의 차원이 다른 사람이었다. 그는 스피노자에게 막대한 금액을 후원하려고 했지만 단칼에 거절당했다. 그러자 자신의 유산 상속인으로 스피노자를 지명했다. 스피노자는 완곡하게 반려했다.

"자연은 지극히 작은 것에 만족합니다."

시몬 데 브리스는 나름 최대한 양보했다. 자기 재산에 비하면 너무나 적은 액수인, 일 년에 500플로린의 연금을 제안했다. 스피노자는 이 또한 너무 많다고 거절했다. 결국 두 사람은 우정이 상하기 직전까지 힘겨루기를 한 끝에 일 년에 300플로린의 연금에 가까스로 합의했다. 300플로린은 17세기 중반 네덜란드에서 숙련된 장인의 평균적인 연 수입에 해당하는 금액이었다. 스피노자 같은 생활 방식을 고수하는 사람이라면 이 돈으로 책을 사고 종이를 소비하며 철학을 하는 데에는 충분했을 것이다.

‡

비록 음지에 숨은 채지만, 그래도 이 정도의 교류와 지원이 있었다면 스피노자를 철저하게 고독한 철학자라고 부를 수는 없다. 하지만 동시에 스피노자가 필요하다면 고독과 가난을 기꺼이 감수하려 한 것만은 분명하다. 사실 둘은 같은 말이나 다름없다. 가난하면 고독해지기 때문이다. 스피노자도 생계를 유지하느라 렌즈를 깎는 시간엔 혼자였다.

스피노자가 고독의 대가로 자유를 추구한 일 가운데 가장 유명한 사건은 독일 팔츠의 선제후 루드비히의 초청을 거절한 일이다. 루드비히 선제후는 유럽을 대표하는 명문 가운데 한 곳인 하이델베르크대학에 스피노자를 정교수로 앉히고 싶었다. 명성도 악명도 유명세다. 그리고 명문대라면 화제의 인물을 데리고 있어야 할 필요가 있다. 편지는 선제후의 고문이자 하이델베르크 교수인 요한 루드비히 파브리티우스가 썼다.

"인자하신 선제후 전하의 명에 따라, 전하의 호의가 두터우신 귀하에게 전하의 저명한 대학에서 철학교수직을 맡으실 의향을 여쭙고자 합니다. … 귀하는 철학을 가르치는 일에서 충분한 자유를 누리게 될 것입니다. 전하는 귀하가 공적으로 확립돼 있는 종교를 어지럽히지 않으리라 믿고 계십니다. … 귀하께서 오신다면 철학자로서 만족스런 삶을 누리실 수 있을 겁니다. … 안녕히 계십시오."

기독교의 교리를 노골적으로 공격하지만 않는다는 조건이 붙어 있다. 이 정도면, '사회생활'에서는 누구나 웬만큼 눈 감고 들어줄 일이다. 하지만 스피노자는 철학에 있어서만큼은 완전한 자유를 원했다. 그의 거절 편지는 이렇다.

"공적으로 확립된 종교를 어지럽히는 모든 행동을 피해야 한다면, 제가 가르치고 연구하는 자유가 결국 제한받지 않을까 생각합니다. 과연 그러한 자유의 한계가 어디까지일지요. … 저를 움직이는 것은 좀 더 나은 지위에 대한 희망이 아니라, 다만 평안에 대한 사랑입니다."

이보다 덜 유명한 사건이 있다. 스피노자는 프랑스의 태양왕 루이 14세의 초청도 받은 적이 있다. 연예인 기질이 심했던 루이 14세는 관심과 주목의 대상이 되는 데 언제나 목말랐다. 마침 당시 유럽

에서 악마의 하수인의 보호자 겸 후원자가 된다면 그만큼 화제가
될 일이 없었다.

루이 14세는 스피노자가 프랑스에 온다면 부와 지위, 완전한 학
문적 자유를 보장한다고 약속했다. 조건은 단 하나, 다음에 나오는
책을 루이 14세에게 헌정하는 것이었다. 책의 첫 페이지에 몇 줄
만 쓰면 되는 일이다. 스피노자는 복권 당첨이나 마찬가지인 이 제
안도 거절했다. 공화주의자이자 민주주의 철학의 완성자로서 봉건
군주에게 책을 헌정한다면 '나 자신'이 아니게 되기 때문이다. 이왕
거절할 것, 그는 멋진 문장을 구사하는 재미를 빼놓지 않았다.

"누군가에게 책을 헌정해야 한다면, 나는 내 책을 오직 진리 그
자체에만 헌정하겠습니다."

여기까지 보면 돈과 현실에 대항해 스피노자가 추구한 자유가 얼
핏 실용적이지 않아 보인다. 하지만 스피노자가 청소년기의 취미를
생업으로 갖게 된 행운아라는 사실을 잊으면 안 된다. 직업적 성취
는 생계에 필수적일 때 완성된다. 렌즈 세공의 보람을 없애지 않으
려면, 일을 해야 할 만큼의 가난은 유지해야 했다. 스피노자는 자유
의 결벽주의자라기보다는 오히려 자유자재로 행복을 관리하려고
했다. 이 사실은 바로 다음 이야기에서 증명된다.

도망치는 것은 부끄럽지만 도움이 된다

스피노자는 1674년, 필생의 대작이자 이 책의 스승인 《에티카》를 완성했다. 지금 우리가 누리는 근대 시민윤리는 이 책에서 완성되었다. 공교롭게도 1674년은 네덜란드의 정치와 경제를 주도하는 홀란트주가 그의 책 《신학 정치 논고》를 금서로 규정한 해이기도 했다. 내로라하는 유럽의 지식인들이 스피노자에 대한 논리적 반박에 실패하자 내린 결정이었다.

이때까지의 스피노자라면 그 어떤 저주를 받더라도 책을 출간할 작정이었을 것이다. 그러나 스피노자는 놀랍도록 깨끗하게 출간을 자신의 사망 후로 미뤘다. 《에티카》는 스피노자 사망 후 그의 유언에 따라 친구들이 출간 작업을 책임졌다. 이 물건을 발표했다간 그가 제 명에 못 살 것이 분명해서였다.

스피노자는 삶의 목표는 행복에 있다는 사실을 결코 잊지 않고 살았다. 저항도 고독도 행복을 위해서이고 행복은 삶이라는 그릇이 있어야 담길 수 있다. 그러므로 '도망치는 것은 부끄럽지만 도움이 된다逃げるは恥だが役に立つ'. 방금 문장은 일본의 인기 드라마 제목인데, 마음에 들어서 사용했지만 사실 조금 오류가 있다. 피하는 것은 도움이 될 뿐만 아니라 부끄러운 일도 아니다.

에렌프리트 발터 폰 치른하우스Ehrenfried Walther von Tschirnhaus는 당대 유럽에서 스피노자와 대등한 대화가 가능한 유일한 인물이었다. 이게 얼마나 대단한 일인가 하면, 그 라이프니츠조차 스피노자를 방문해 긴 시간 대화를 나누고 편지를 주고받았지만 완패당했다.

고트프리트 빌헬름 라이프니츠는 철학, 물리학, 수학의 역사에서 가장 중요한 인물 가운데 하나다. 이진법을 가다듬어 오늘날 컴퓨터 논리 회로의 바탕을 제공했고 최초의 대량생산 계산기를 발명했다. 당대 최고 수준의 법학자였고 윤리학, 신학, 역사학, 언어학에 관한 저술을 4개 국어 이상의 언어로 집필했다. 생물학, 의학, 지질학, 심리학, 정보과학, 통계학의 미래를 예견했고 한문에도 달통해 주역으로 하루 운세를 점쳤다. 그러나 라이프니츠에겐 애석하게도, 스피노자는 그를 자신과 동급으로 쳐주지 않았다. 라이프니츠는 스피노자를 가리켜 "믿을 수 없을 정도로 오만하다"며 비난했지만 스피노자는 별다른 반응을 보이지 않았다.

스피노자도 좀 너무했다는 생각이 든다. 라이프니츠의 업적은 위대하다 못해 경악할 정도가 아닌가. 하지만 스피노자에 미치지는 못한다. 라이프니츠조차도 민주주의, 시민, 개인을 발명한 사람을 넘어설 수는 없다. 치른하우스는 이런 스피노자의 철학적 맞수이자 조력자였다. 그는 스피노자와 서신을 주고받았을 뿐 아니라 하숙집을 직접 방문해가며 토론했는데, 스피노자 철학의 허점을 지적해내는 데 몇 번은 성공했을 정도다. 스피노자는 치른하우스에게 재반박하는 과정에서 자신의 철학을 완벽하게 가다듬었다.

스피노자와 치른하우스는 《에티카》가 인류의 마지막 윤리학이 되리라 확신했다. 두 사람은 스피노자의 철학이 인류의 미래를 바꿀 것이라는 사실을 알고 있었다. 그런데 치른하우스는 스피노자가 겪은 고초를 자신도 감내할 자신이 없었다. 그는 동지와 달리 사회적 비난과 고독을 두려워했다. 그래서 자신의 지성을 스피노자의 《에티카》 완성을 돕는 데 사용했다.

스피노자는 자기 등 뒤로 물러난 동지를 탓하지 않았다. 무엇을 두려워 하는지는 당사자의 반경 1미터 안의 사정이다. 치른하우스에게도 선택의 대가는 있었다. 스피노자의 이름이 빛날 때 그의 친구 가운데 하나로만 기억될 것이기 때문이다. 치른하우스는 이를 받아들였다. 스피노자와 치른하우스 사이에는 악감정이 전혀 없었다. 인간의 욕망은 모두 다르며, 욕망에는 일정한 대가가 따른다. 두 사람은 일관되게 서로를 깊은 존경으로 대했다.

신념과 자존심은 소중하다. 그런데 어디까지나 소중한 도구다. 도구가 삶의 목적인 행복을 방해하도록 내버려 두어선 안 된다.

자유는 단단하다

견고함과 자유는 직관적으로는 전혀 다른 성질로 느껴진다. 성벽, 창살, 돌담처럼 견고한 둘레는 무언가를 가두는 상황을 연상시킨다. 자유란 말 그대로 자유롭게 드나들며 구속되지 않은 상태일 것만 같다. 그러나 어차피 완전히 자유로운 사람은 없다.

그렇다면 자유인이란 대체 어떤 존재일까? 무엇이 자유일까?

높은 데서 떨어지면 다친다는 물리적 결과에서 자유로운 사람은 없다. 법치주의 국가에서 사는 한 법에서 자유롭기도 힘들다. 법뿐만이 아니라 이런저런 인간적 도리, 예의범절은 물론 수명에 한계가 있다는 사실로부터 인간은 자유로울 수 없다. 우리 중에 자유인은 없다. 따라서 자유인이라는 말을 사용하고자 한다면 우리는 단어의 뜻을 다시 정의해야 한다.

자유인은 완전히 자유로운 사람이 아니라, 조금이라도 더 자유로워질 의지와 기술을 가진 사람이다. 자유는 자유 자체보다는 자유에 대한 욕망이다. 자유인이 되기 위해서는 타인의 사고와 관념, 나의 욕망이 아닌 가치가 내부로 흘러들어오지 못하게 막을 줄 알아야 한다.

물론 가치는 많은 순간 중요하다. 인간은 가치를 위해 죽을 수도 있다. 그러나 가치는 여전히 반경 1미터 안의 욕망과 분리되어 있어야 한다. 1제곱미터 영토의 주인은 욕망이다. 결혼생활에서 배우자에게 바치는 정절, 민주주의, 대한독립만세, 역사에 오명을 남기지 않겠다는 사명감, 효도, 모성애와 부성애, 우정, 타인에 대한 예의와 자신을 위한 품위와 같은 다양한 가치는 나의 주인이 될 수 없다. 가치를 따르고 싶은 욕망이 내부로부터 움직일 때에만 가치를 위해 행동하고 때로 희생하는 것이 행복의 기술이다.

‡

행복해지는 기술의 이론과 실천에서는, 아무리 숭고한 가치라도 나의 행복을 위해 존재하는 것이다. 이 사실을 활용하기 위해서는 이념적인 태도에 빠져선 안 된다. 이념은 좋다. 내게도 몇 가지 이념이 있다. 그런데 가치는 종종 전통적이다. 보수적 성향의 사람이라면 전통적인 가치라는 이유만으로 자신의 욕망을 들여다보지 않고 지키려는 함정에 빠지기 쉽다. 반대로 진보적 성향의 사람이라면 전통적이라는 이유만으로 저항하려는 성향을 보이곤 한다.

나는 진보주의 공동체에서 배우자를 만나 결혼한 사람들이 각자 비슷한 이유로 고뇌하는 모습을 세 번이나 봤다. 남녀 모두 성별과 상관없이 이유는 대동소이했다. 배우자가 '탈근대'적이고 '수평'적인 폴리아모리Polyamory를 주장한다는 것이었다. 폴리아모리는 보통 다자연애로 번역되는데, 풀어 말하면 배우자뿐 아니라 다양한 상대와 정신적, 육체적 연애를 추구하는 것을 뜻한다. 자기는 배우자를 독점하는 동시에 독점되고 싶은데, 전통에 굴복하면 안 될 것 같은 이념적 의무감에 욕망을 솔직히 표현하지 못하고 끙끙 앓는 것이었다.

나는 그때 일부 진보주의자들의 기계적인 이념성, 그러니까 진보 쪽으로 분류되는 행동이라면 한밤중에 가로등 불빛을 대하는 나방처럼 달려드는 모습에 지쳐 있었다. 그래서 알아서 하라거나 당신도 기쁘게 폴리아모리를 누리지 않고 뭐하느냐고 퉁명스레 맞받아치고 지나쳤다. 지금 나는 그때의 내가 못됐다고 생각한다. 하지만 당시에는 행복이 기술이라는 사실을 깨닫지 못해 확신을 갖고 해줄 말이 없기도 했다.

폴리아모리 자체를 비판할 생각 따위 없다. 그 반대도 마찬가지다. 정답은 간단하다. 각자 다른 두 사람이 서로의 욕망을 드러내고 충돌하고 타협하고 거래하다가, 잘 되지 않으면 관계를 정리하면 된다. 간단한 일은 성사시키는 조건도 간단하다. 자신의 욕망을 있는 그대로 지켜보고 인정하면 된다.

스피노자를 암살하려고 했던 청년은 장로들의 명령에 따라 움직였다. 그는 타인의 욕망을 욕망하고 자신의 욕망으로 착각했다. 신앙이 깊어서 이용당했겠지만 적어도 사람을 죽이려고 결심할 때에는 스스로 판단해야 했다. 유대교 믿음을 따른다면 스피노자를 그냥 내버려 두면 된다. 스피노자도 언젠가는 죽을 것이고, 그러면 야훼가 알아서 그를 지옥불로 요리하며 처리할 테니까. 이성이 없다는 것은 반경 1미터를 두른 경계가 허술하다는 뜻이며, 경계는 자유인이 되기 위한 필수조건이다. 자유와 단단함은 다르지 않다.

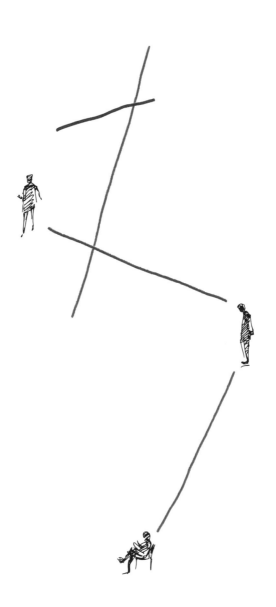

5장

세상에서 가장
쉬운 1미터

"현명한 사람의 조건 하나를
말하고자 한다. 현명한 사람은
스스로를 재충전하고 기운 내게
하는 중용의 묘를 안다.
중용이란 좋은 음식과 술을
음미하는 것이다. 푸르른 초목을
즐길 줄 알고 사는 곳을 꾸밀 줄
알며 음악, 운동, 무대예술과 같은
것들을 즐기는 일이다.
이러한 것들은 다른 이들을 해치지
않고서도 향유할 수 있다."

스피노자 Baruch Spinoza

　　　　　　　　　　　이제 행복의 기술을 중급으로 완성할 때다. 중급을 쉽게 달성하는 법이 있다. 바로 행복의 기술이 쉽다는 사실을 알면 된다.

　　내 반경의 올바른 사용법은 반경 1미터의 경계가 단단한 **고정불변**이라는 사실에서 비롯된다. 무엇보다 가장 기초적인 사용법은 **함부로 확장하려고 해서는 안 된다**는 것이다. 남의 반경을 침범하고 더 나아가 삼켜버리면 순간적으로 영토가 풍족해진 것처럼 느껴지지만 장기적으로는 경영에 실패한다. 그리고 이 '불편한' 사실을 확인할 때마다 분노와 갑갑함에 시달리게 되며 마침내 자신이 삼킨 것들을 견딜 수 없게 된다.

배우자나 연인에게 고통을 주는 대가로 자신이 행복하다면 '남는 장사'라고 볼 수 있다. 하지만 현실은 대체로 그 반대인 데다가, 더 큰 문제가 기다리고 있다. 상대는 당신에게 상처받고 분노한 채로 멀쩡히 자신의 영토를 유지하고 있다. 애초에 사라질 수 있는 공간이 아니다. 상대는 처음에는 외교적 타협을 시도하지만 나중에는 방어벽을 세울 것이고, 그다음에는 침공당하기 전에 먼저 공격해올 것이다. 쌍방의 고통은 더욱 깊어지고 종종 결별만이 유일한 해방임이 밝혀진다.

또 한 가지 사용법은 나의 반경 1미터의 위치를 분명히 아는 것이다. **나는 우주의 중심이 아닌 주변에 있다.** 이곳은 나에게만 소중할 뿐 아무 의미가 없는 장소다. 다른 이의 반경 1미터도 아무 데나 놓여 있지만 그에게만은 더없이 가치 있다. 내 영역을 존중받고 싶듯 불편해도 타인의 소유권을 인정해야 한다. 조금이라도 더 행복해지려면 결국 같은 양의 존중을 타인과 주고받아야 한다. '나'는 주체로 살아야 한다. 그런데 개인이 되는 길은 주체가 되는 것보다 조금 더 번거롭다. **개인은 타인도 각자 존엄한 주체임을 인정하는 주체다. 그러므로 이기주의자가 되는 데엔 별다른 조건이 없지만 개인주의자가 되기 위해서는 최소한의 교양이 필요하다.**

사용법에 대한 마지막 설명은 반경 1미터 안에 들어오는 내용물에 대해서다. 내용물이 어떤 경유로 1미터 안으로 넘어왔는지 추적하는 일보다는, 어떻게 관리할 것인지가 훨씬 중요하다. 행복이라면 잘 보존하고 누려야 한다. 불행은 즉시 밖으로 분리수거해야 하며, 불가능하면 1미터 내부에서 소멸시키려고 해야 한다. 사라질 수 없는 불행이라면 잘 포장해서 적당한 장소에 보관하고 함부로 내용물이 새지 않게 지켜봐야 한다.

고통은 극복하는 것이 아니다

얼마 전 우연히 오래된 팝송을 듣다가 한 사람을 떠올렸다. 그리고 바로 몇 초 후, 그와 이별한 슬픔이 죽을 때까지 사라지지 않을 것이라는 사실을 깨달았다. 거대한 상실감 앞에서 다리가 풀려 비틀거렸다. 깊은 구석에 던져 넣고 없는 척 잊고 있던 감정인데, 하필 그 순간 마주하고 말았다. 나는 마음속에서 급하게 빈 상자 하나를 찾아 상실감을 꾸역꾸역 쑤셔 넣은 다음 테이프로 휘감았다. 이제부터는 내 반경 1미터 안에서 사라지지 않을 이놈을 관리하기로 했다. 포장하는 솜씨가 늘면 상자를 바꿀 것이다. 아주 가끔은 나 자신을 위해, 상자를 풀어 내용물을 꺼내고는 그 노래를 들으며 오열할 것이다.

시간을 거꾸로 돌린다면 그와 헤어지기 전에 저지른 실수를 하지 않을 테다. 그러나 과거는 이미 지나갔기에 현재도 미래도 바꿀 수 없다. 사랑이 주는 기쁨에 더 환호하고 감격했어야 했다. 당연하다고 여기기엔 청춘도 인생도 짧다. 여기에 정답이 있다. 행복이 조금이라도 존재한다면, 거기에 최대한 집중해야 한다. 불행을 줄이고 행복을 늘리기 위해 시시각각 최선을 다해야 한다.

슬픔도 고통도, 무시할 수 없는 크기의 먹구름으로 반경 1미터를 드리울 때가 있다. 여기서 아래와 같은 질문은 필요 없다.

'인간에게 비극은 피할 수 없는 것인가?'
'인간은 불행하게 태어나는가?'

불행은 어떤 목적을 가지고 인간을 찾아오지 않는다. 비극은 그냥 온다. 다만 현대인은 약간의 아픔도 전근대인보다 심각하게 느끼고, 수명도 길기 때문에 인생에서 한 번 이상 불행에 시달릴 가능성이 몹시 높을 뿐이다. 그래서 개인이 흘려보낼 수 없는 슬픔을 직면하고 끌어안는 훈련이 필요하다.

나는 고통을 '극복한다'는 말을 별로 좋아하지 않는다. 고통을 꼭 극복해야만 한다면, 끝내 극복하지 못하는 고통에 대해선 어찌하란 말인가. 대신 고통을 품고 관조하는 방법이 있다. 고통을 '극복한다'는 말은 자동적으로 고통을 부정하게끔 만든다. 쉽고 간단한 1미터의 사용법을 애써 어렵게 만든다. 내가 왜 고통스러운지, 무엇이 날 고통스럽게 하는지 아는 길을 방해한다. 씻을 수 없는 고통은 이미 나의 일부이며, 나다. 솔직히 인정하고 받아들여야 한다.

어설픈 극복은 고통의 크기를 키운다.

나는 평범하면서 비범한 나일 뿐이다

현대인은 자신이 남보다 불행할 수 있다는 사실을 쉽게 받아들이지 못한다. 그래서 불행 앞에서 두 가지 가운데 하나를 혹은 둘 모두를 선택한다.

첫째, 자신의 불행을 부정한다.
둘째, 자신이 불행할 수 있다는 사실을 부정한다.

우리는 유난히 발랄한 사람들의 과거에 불행, 고독, 결핍이 숨어 있는 경우를 자주 확인한다. 이는 첫째의 경우다. 이들은 불행에서 고개를 돌리기 위해 열심히 행복을 연기한다. 둘째의 경우에는 자기연민에 빠진다. 도무지 불행해서는 안 되는 자신이 불행하다니 너무나 놀라운 일이다. 그래서 흥이 많은데 눈물도 많은 사람은, 울 때 유난히 서럽게 운다. 자기연민은 자기애의 다른 이름이다.

오해를 방지하기 위해 다시 교통표지판을 세우자면 이 책은 자기연민에 빠진 사람을 비판할 생각이 없다. 자기애는 현대인, 어쩌면 인간의 보편적인 특징이다. 자기애는 옳지 않다는 이야기가 아니다. 자기애에 빠지면 스스로에게 손해라는 뜻이다. 자기연민에 빠지는 과정은 인간적 차원에서 충분히 이해 가능하다. 누구나 자신의 현재 모습이 과거에 꿈꾸던 것과는 다르다는 사실에 면죄부를 주고 싶기 때문이다.

집안의 경제력이 안 좋아서, 좋은 선생님을 만나지 못해서, 좋지 못한 연인을 만나서, 다른 사람에게 상처를 받아서, 이 나라에 태어나서 등 자신은 운이 없었다고, 즉 불행하다고 스스로를 설득한 결과가 자기연민이다. 만약 자기연민이 주는 면죄부가 행복을 증진한다면 굳이 경계할 이유가 없다. 하지만 사람이 습관을 만들지만 습관도 사람을 만든다. 자기연민에 빠진 사람은 어느 순간 자기연민의 내용을 믿어버린다. 그는 실제로 더 불행한 사람이 된다.

‡

자기연민에는 자연의 원리인 우주와, 인간의 관계망인 사회로부터 중요한 취급을 받지 않으면 안 된다는 착각이 도사리고 있다. 하지만 자기연민은 진짜 원리에서 벗어나 있다. 행복의 기준을 자신이 주관적으로 정하고, 채점도 감정에 의존하기 때문이다. 예를 들면 화려한 생활을 과시하는 친구의 SNS를 보고 서러움을 느낀다.

이 책은 끊임없이 자신의 존재 이유를 과대평가하지 말라고 하는 중이다. 이쯤에서 반대쪽 이야기도 해야겠다. 스스로의 존재 역량을 과소평가할 필요도 없다. 자기애와 자기연민은 스스로를 두둔하기 위해 1미터의 울타리 언저리에서 급조해 끌어온 장치다. 외부의 조건 때문에 행복할 수 없다는 믿음은 곧 스스로 행복을 추구할 역량이 없다는 항복 선언이다. 과대평가와 과소평가는 자기애라는 한 가지 땅굴에서 솟아오른다. 자기애에서 자란 사고와 감정은 정답에서 벗어나 있다. 자기애는 원리가 아니라 변명이다.

변명은 다치고 싶지 않기에 하는 것이다. 자신에 대한 과대평가와 과소평가는 둘 다 고슴도치의 가시와 같다. 자기비하적인 사람은 이글거리는 자존심을 숨기고 있다. 남에게 저평가를 받고 상처받기 전에 자기가 먼저 선수를 치는 습관이 자란다. 심한 자기비하는 대화 상대로부터 "그러지 마. 넌 그보다 나은 사람이야"와 같은 응원을 받는 소득을 기대할 수도 있다. 그러다가 남에게 먼저 저평가를 받으면 불같이 분노한다. 스피노자는 인정사정없이 말한다.

"과도한 자존심이나 자기경멸은 정신의 나약함을 보여준다."

행복의 조건은 운의 영향을 받지만 주어진 조건에서 행복을 추구하는 것은 자신의 재량이다.

행복의 조건

행복의 추구

이 둘은 다르다. 조건은 외부에서 주어진다. 나름의 조건 위에서 나름의 행복을 추구할 수 있다. 현재 수확 가능한 행복을 찾을 에너지를 자기애와 자기연민에서 헤엄치는 데 사용하는 것은 남용이다.

불행은 이렇게 습관이 된다

아무리 행복에 집중한들 우리 대부분에게는 행복보다는 불행이 더 많다. 취업준비생의 평균적인 환경을 예로 들면 불확실한 미래에 대한 불안, 저만치 앞서가는 친구들을 뒤쫓아가면서 느끼는 낙오의 두려움, 생존공포의 어두운 그림자가 웬만한 즐거움을 뒤덮어 버린다. 다행히 불행을 덜어내는 요령이 있다. 행복의 요소는 대체로 현실인 반면, 불행의 요소는 관념적일 확률이 높다는 사실을 아는 것이다.

맥주 한 잔이 주는 쾌감은 반경 1미터 안에 구체적이고 확실하게 들어와 있다. 그에 반해 앞서나간 친구는 실제로는 내게 실질적인 피해를 주지 않는다. 친구가 대기업에 합격하는 순간 내가 마시던 맥주의 양이 100밀리리터쯤 줄어드는 현상 따위는 일어나지 않는다. 비교하는 마음은 알 수 없는 미래를 걱정하는 관념적인 고통만 늘린다. 타인의 행복이 주는 불행은 내가 굳이 반경 1미터 안에 끌어당기지 않는 한 알아서 방문하지 않는다.

비교하지 않는 습관은 불행을 줄이는 데 큰 도움을 준다. 기대와 다른 현실에 한탄하는 습관을 버리는 것도 마찬가지다. 한탄 역시 관념적인데, 어차피 인간은 현실 외의 시공간, 이를테면 '만약에'라는 상상과 후회로 이뤄진 꿈의 세계에선 살 수 없기 때문이다. 이렇듯 1미터의 경계를 분명히 설정하는 일은 행복과 불행의 양을 내게 유리하게 조정하는 데 효과적이다.

불행 자체와 마찬가지로 불행의 씨앗도 관념적일 때가 많다. 한국은 산업화시대를 거치며 여성이 가정의 경제권을 쥐는 독특한 문화가 생겨났는데, 이 환경을 이용해 남편에게 비상식적으로 적은 액수의 용돈을 강요해 삶을 향유할 여유를 박탈하는 이들이 있다. 그들은 남편의 저항을 가계부와 저축액, 노후대비, 자식 교육비 등의 주제로 진압한다. 입으로는 현실과 가정을 위한 남편의 도덕적 책임을 강론한다. 실제로는 남편의 반경을 집어삼키고 그를 자기 영토의 도구로 전락시켰음을 재확인하고픈 관념적인 만족이다.

한 쪽이 동전 몇 개에 벌벌 떨며 일상의 권리를 박탈당하는 일은 부부 모두에게 득보다 실이 많다. 진짜 비극은, 상대를 자신의 소유로 묶어뒀다는 확실한 증거를 얻기 위해 일부러 비효율을 강요할 때 벌어진다. 이들은 자신의 남편이 얼마나 적은 용돈에 만족하는지 인터넷 커뮤니티 등에 공개하며 경쟁하기도 한다. 본질적 차원에서는 남편이 아닌 자기 자랑이다. 배우자의 영토를 얼마나 철저히 정복했는지를 두고 벌이는 경주이며, 따라서 일종의 폭력경쟁이다. 관념이 아닌 현실에서 남편의 반경 1미터 안에서는 아내에 대한 사랑이 차갑게 식는 중이다. 행복한 사람만이 배우자를 행복하게 할 수 있다. 정복은 높은 확률로 자해행위였음이 드러난다.

행복이란 나의 1미터 내부에 집중하는 것이다

불필요한 관념의 다른 예로는 남성들의 폭력성 경쟁이 있다. 대체로 남자는 육체적인 힘의 차이가 학창 시절의 질을 크게 좌우하는 환경에서 자라난다. 이 기억은 성인이 되고서도 몸 안의 세포 속에 진하게 남아 위엄을 부풀리는 행동을 유발한다. 물론 우리는 한국 사회에서 최고의 무술은 법률이고 최강의 고수는 맞은 사람이라는 사실을 잘 알고 있어서, 다 자란 남자끼리는 웬만해선 힘의 강약을 겨룰 일이 없다. 그럼에도 불구하고 만에 하나 약해 보이면 어쩌나 싶은 관념적 두려움 때문에 뿔을 세운다.

거의 모든 남자는 자신에게 혼쭐이 난 인물의 리스트를 가지고 있다. 하지만 허세를 부릴수록 과연 상대방이 믿어줄까 노심초사 하는 걱정, 말을 하면 할수록 떨어지는 위신까지 반경 1미터 안에 손해만 쌓인다. 남자들은 말이 많을수록 몸은 약하다는 진리를 자신을 제외한 모든 남성에게 적용할 줄 아는 지성을 소유하고 있기 때문이다. 약해 보이면 안 된다는 공포는 상상의 영역일 뿐이다. 그러니 눈에 들어갈 힘을 빼고 눈 앞에 있는 좋은 음식에 집중하는 편이 훨씬 이롭다.

관념은 종종 지옥이나 마찬가지 지경이 된 결혼생활에서 탈출하는 일을 방해하기도 한다. 먼저 지속적인 결혼생활은 좋은 것이며 이혼은 나쁘다는 사회적 관념이 있다. 그래 봐야 1미터 바깥의 관념이다. 자신이 결혼에 실패했다는 사실을 인정하기 싫은 자기애도 관념이다. 이혼자를 바라보는 사회적 시선에 대한 걱정도 관념이기는 마찬가지다. 사회적 시선이야말로 추상적이다. 과연 피해를 입을지, 어떤 피해일지는 막연하기 이를 데 없다. 드물게 불이익을 당할지언정 파탄 난 부부 사이를 이어나가는 것보다는 고통이 덜할 게 분명하다. 반경 1미터짜리 존재의 본질은 일생에 걸쳐 계속되는 행복해지려는 시도다. 행복은 '실패'라는 딱지가 나붙어도 되는 숙제가 아니다. 행복은 그저 행복이고 불행도 마찬가지다.

결코 관념을 비판하려는 것이 아니다. 행복한 관념은 누리면 된다. 불행한 관념은 관념이라는 이유를 대서라도 멀어지는 편이 낫다는 이야기다. 우리의 목적은 어디까지나 행복이지 논리적 일관성이 아니다. 행복은 미덕의 보상이 아니라 미덕이므로, 언제나 자체가 목적이다. 분명히 말하건대 철학은 실용적이다.

불행에 대처하는 기본적인 준비 자세는, 인간은 원래 대체로 불행한 시간을 보낸다는 사실에 대한 인정에서 시작된다. 인간에게 비극은 당연하며, 내가 특별히 억울하지 않다는 사실을 아는 것만으로도 불행은 크게 줄어든다. 행복하지 않다는 사실에 놀라면 이내 놀람은 당황으로, 당황은 좌절로 변한다.

행복은 고귀하다. 고귀한 행동의 결과여서가 아니라 행복 자체가 고귀해서다. 행복이 오는 순간이 드물기에 고귀함은 한층 더해진다. 그러므로 그 순간에 눈을 번쩍 뜨고 행복을 낚아채야 한다. 비결은 자신의 반경 1미터 내부에 대한 집중이다.

인간은 타인의 욕망을 욕망한다

"인간은 타인의 욕망을 욕망한다." 철학자 자크 라캉Jacques Lacan의 철학을 함축한 멋진 문장이다. 굳이 풀어 설명할 필요는 없겠다. 스피노자도 같은 취지의 말을 우리에게 전했다.

"만약 누가 우리처럼 무언가를 사랑하고 욕망하고 증오한다면, 바로 그 사실이 우리로 하여금 그것을 더 사랑하고 욕망하고 증오하게 한다."

예전에 알았던 지인 중에 인생의 목표가 확고한 여성이 있었다. 그의 목표는 고소득 전문직 남성과 결혼해 '사모님'이 되는 것이었다. 마침 사모님이 될 사람에 어울리는 외모의 소유자였다. '고급 신붓감'에 맞는 취향과 패션을 완성했고 사모님에게 어울릴 법한 결혼 전 직업을 가지는 데 성공했다. 그분 개인의 욕망에 대해서는 아무 비판거리가 없다. 다만 흥미로운 사건이 일어났다. 비슷한 소득 수준의 직장 동료와 덜컥 결혼한 것이다. 이유는 간단명료하게도 "사랑에 빠져서"였다. 정작 사랑의 감정을 느껴보니 소득 수준은 별문제가 아니었다. 그는 자신이 세속적 욕망을 원한다고 믿었지만 알고 보니 아니었다.

이런 착각이 일어난 이유는 결혼의 물질적 조건이 여자의 행복을 좌우한다는 믿음이 널리 퍼졌고, 텔레비전과 같은 매체를 통해 삶의 경제적 수준 차이를 극명한 대비로 보여주는 문화적인 유행이 이를 뒷받침했기 때문이다. 재화의 양이 늘어나지 않는 저성장 시대에 물질적 욕망은 대부분의 사람들을 미래에 대한 낙관 대신 좌절로 몰아가고 있다. 과거처럼 단칸방에서 시작해도 중산층이 될 수 있는 기회는 극단적으로 줄었다. 지금은 누구나 처음부터 풍족한 결혼을 꿈꿀 수밖에 없다. 우리 사회의 집단적 욕망이다.

1미터 경계 외부의 욕망은 내부의 주인에게 영향을 끼친다. 집단적 욕망은 네온사인처럼 번쩍거리며 반경 1미터 밖을 비춘다. 네온사인이 강한 인상을 남기고 궁금증을 유발한다고 해서 거기 적힌 문구가 내 욕망의 내용이라는 법은 없다. 그러나 인간은 종종 그것을 자신의 욕망이라고 착각한다.

이 짧은 이야기의 주인공은 현명한 사람이다. 그분은 배우자를 만나 1미터 앞 문턱에 행복의 요소가 방문했을 때, 앞으로 긴 시간 더 행복해질 기회가 왔음을 감지해냈다. 그러자 짧은 시간에 자신의 욕망이 상대와 상대의 조건 가운데 무엇을 더 중요시하는지 분석했다. 답안을 도출한 다음 고민하지 않고 오랫동안 가졌던 타인의 욕망 대신 자신의 욕망을 선택했다. 행복에 대한 탁월한 감각을 중요한 결정에 유감없이 발휘했다.

만약 가슴을 설레게 하는 사람을 만나지 못했더라면 그는 타인의 욕망을 자신의 것으로 착각하고 살았을까? 아무래도 그럴 가능성이 높다. 그는 운이 좋았다고 할 수밖에 없다. 동시에 운이 1미터 안으로 들어오는 문을 두들겼을 때 두 팔 벌려 환영하고 껴안은 결단력을 인정하지 않을 수도 없다. 우연을 행복으로 바꾸는 일은 자신의 몫이다.

물들지도, 물들이려고도 하지 마라

인생에서 어떤 우연이 반경 1미터의 경계를 두드릴지 우리는 알 수 없다. 우연에 의해 불행해질 가능성을 줄이려면 타인의 욕망과 자신의 욕망을 구분하기 위한 의식적인 연습이 필요하다. 타인의 욕망은 생각보다 강력한 놈이어서 가만히 놔두면 반경 1미터 안으로 들어와 어느새 주인 행세를 한다. 연습의 내용은 간단하다. 자문자답이다. 행동이든 대상이든 상관없다.

'나는 왜 그것을 원하는가?'

질문에 대한 답이 외부에서 오느냐, 내부에서 오느냐를 살피면 된다.

나는 어리석게도 학창 시절 남자들의 무리에서 약해 보이지 않으려고 담배를 배웠다. 흡연하는 남자에 대한 대중적 이미지는 내 1미터 반경 바깥의 사정이었지만 타인의 욕망을 좇았기에 내 영토로 끌어들였다. 물론 담배는 중독물질이라 어느 시점부터는 피우는 자체로 즐거움을 준다. 그러니 몸 안의 신경계통과 동떨어진 다른 예를 들어보겠다.

우리는 세속적 욕망이 강한 사람일수록 타인의 세속적 욕망을 타박하는 사실을 하루가 멀다 하고 확인하며 산다. 가령 소유한 자동차의 가격으로 남자를 평가하는 여성들을 열렬히 비난하는 남성이야말로 좋은 차를 욕망한다. 그는 값비싼 차를 구매하면 반드시 여성을 조수석에 태울 테지만, 그때부터 자신을 대하는 여성의 태도에 자동차가 차지하는 비중이 얼마나 되는지 의심하며 감정이 소모되는 처지에 놓인다.

글쓴이는 여성이 아니라서 좋은 차를 가진 남자가 이성에게 얼마나 고평가를 받는지는 잘 모르겠지만, 정말로 인상이 확 달라진다고 치자. 혹은 차를 바꾸면 여성들의 태도가 달라진다는 주변 남성들의 말을 진실이라고 치자. 어느 경우에도 타인의 욕망에 속하는 관념이기는 마찬가지다. 타인의 욕망은 반경 1미터 외부의 세계에 속한다. 그러므로 타인의 욕망에 따라 차를 산 사람은, 차를 통해 자신의 반경을 이전보다 확장한다. 울타리 안이 외부의 내용물과 겹치려면 울타리가 넓어져야 하기 때문이다.

넓어진 울타리는 타인, 필시 조수석에 탄 여성을 삼켜 허락도 없이 그를 자기 영지의 백성으로 삼는다. 그리고 중세시대 영주가 그러하듯 영지 안의 농노를 감시한다. 타인을 감시할 시간과 노동력으로 자신의 1미터 내부를 관찰하는 것이 낫다. 자기 반경이 확장되는 모습은 착시다.

자신을 조건으로 소개하는 사람은 무례하다

반경 1미터는 인위적으로 확장되지 않는다. 그렇다고 믿을 뿐이다. 실상을 말하자면 무엇을 통해 경계가 확장되는 게 아니라 무엇이 경계 안으로 들어오는 것이다.

"나는 이런 자동차를 가진 사람이다."

"나에게는 이런 자동차가 있다."

내용은 같지만 태도는 전혀 다르다. 하나는 자신의 정체성, 하나는 조건이다. 어느 쪽으로 해석하는지에 따라 결과도 전혀 달라진다. 부와 지위를 성취한 사람은 누구나 자신을 대하는 사람들의 태도가 전과 달라졌음을 확인한다. 인간관계에서 오는 스트레스와 예상치 못한 무례함에 시달릴 일이 크게 줄어든다. 부와 지위를 자신의 정체성으로 해석해 반경을 확장하는 사람은 자동적으로 남을 침범한다. 그래서 자신이 아닌 자신의 조건으로 자기소개를 하는 이는 거의 예외 없이 무례하다.

남을 괴롭게 해도 부와 권력이 있으면 행복한 것 아니냐고 반문할 수도 있다. 경제적인 여유든 영향력이든, 힘은 그 자체로 일정한 즐거움을 보장해준다. 하지만 끊임없이 자신의 영향력을 재확인하는 데에 행복에 집중할 시간을 빼앗긴다.

더 행복할 수 있는 방법이 있다. 안락한 삶을 누리는 성공한 사람들 중에는 스스로 '운이 좋다'고 간단하게 평가하는 사람들이 있다. 그들은 높은 확률로 자신의 부와 지위를 자신의 특징이 아니라, 자신이 소유한 내용물로 분리해서 판단한다. 그들은 반경 1미터의 경계를 분명히 인지하는 감각과 교양의 소유자다. 그들은 현재의 행복과 행복의 조건이, 고맙게도 자신의 반경 1미터 안에 방문해줬다는 사실을 잘 안다.

부와 지위는 조건이다. 성공을 가능하게 한 요소들도 조건이다. 부모님이 제공한 환경, 재능을 직업능력으로 발휘할 기회를 만난 행운, 타고난 두뇌와 성격, 현재 누리는 풍요까지 모두 자신의 1미터 반경 안에 찾아와준 것들이다. 그러므로 그들은 자신이 소유한 행복을 향유하는 데 집중한다. 자신의 대단함을 스스로 떠들지 않는 사람은 대체로 편안한 느낌을 준다. 자기 반경을 인위적으로 확장하지 않는 사람은 타인의 반경을 함부로 침범하지 않을 준비가 되어 있다. 그들은 겸손하지만, 바로 그렇기에 훨씬 더 행복하다.

내 욕망의 바닥과 만나고 화해하기

더 노골적이고 구체적인 세속적 욕망으로는 성형수술을 들 수 있다. 여기서는 성형의 욕망은 물론 현대라는 시대에 대해서도 논할 생각이 없다. 외모지상주의는 현대 사회의 병폐라기보다는 인류의 본능에 가깝지 않은가. 성형에 대한 가장 우스운 비판은 인간의 내면과 외면을 나누고 다른 점수를 내리는 행위다. '내면에 얼마나 자신이 없으면 외면을 치장하나?'라는 폄훼가 대표적인 예다. 이런 말을 하는 사람들은 내면이 도덕적이고 높은 가치를 지닌다고 전제하면서도 실은 성적 대상의 육체적 매력을 탐한다.

내면은 가치중립적이다. 옳지도 그르지도 않다.

성형으로 미모를 얻게 된 사람들 역시 자신의 반경을 늘리는 함정에 빠질 위험에 놓인다. 성형 전의 결핍을 보상받기 위해 타인에 대한 영향력을 권력으로 누리려고 한다. 다시 말해 자신을 성적으로 욕망하거나 자신에게 외모를 추월당한 사람 위에 군림하려고 한다. 반대로 행복에 집중하는 사람은 성형을 통해 사유지 안으로 수집한 변화들을 즐기는 데 집중한다. 사람들의 달라진 태도, 높아진 인기, 과감한 패션, 자신감, 그리고 외모도 여기에 포함된다. 외모는 자아나 정체성이 아니라 자아가 보유한 조건 중 하나다.

공정성을 위해 이 자리에서 고백하자면 적어도 나만큼은 성형을 비난할 자격이 없다. 나는 수술로 외모를 바꾼 전력이 있다. 탈모 증세를 완화한답시고 상품명 '프로페시아'로 잘 알려진 피나스테리드라는 약물을 복용했던 것이 화근이었다. 피나스테리드는 우울증, 발기부전, 성욕감퇴를 불러올 수 있다. 물론 탈모의 비극 앞에서 그런 사소한 문제를 신경 쓰는 탈모인은 없다. 나 역시 마찬가지였는데, 설명서의 '주의'란 끄트머리에 안내된 의외의 부작용이 찾아왔다. 가슴이 부풀어 오르는 증상이었다. 천 명 중 4~10명 꼴로 겪는다는 부작용이다.

머리만 날 수 있다면 가슴이 좀 커지는 것 정도야. 문제는 쉬지 않고 부풀어 마음만 먹으면 브래지어를 착용하는 편이 좋을 정도가 됐다(존엄성을 위해 착용해보지는 않았다). 어느 날 지하철을 놓치지 않으려 열심히 뛰고 있을 때였다. 지하철 역사 벽면 거울에서 티셔츠에 찰싹 붙은 채 힘차게 출렁이는 나의 두 가슴을 목격했다. 더 이상은 둘 중 하나를 선택해야 한다는 진실에서 도망갈 수가 없게 됐다. 위아래 순으로 '풍성과 풍만'이냐, '황량과 평면성'이냐. 후자를 선택하면 적어도 성 정체성만은 지킬 수 있었다. 약을 끊었다.

피나스테리드의 약효는 금방 자취를 감췄고 그동안 빠졌어야 할 머리칼까지 에누리 없이 계산되어 사라졌다. 그리고 가슴은 줄지 않았다. 결과는 '황량과 풍만'이었다. 원래는 끊으면 약효와 함께 부작용도 사라지는 약이다. 그래서 약을 끊으니 가슴이 커지는 호르몬 이상 증세도 사라졌지만, 이미 길고 두꺼워진 유선조직은 그대로 남았다. 이렇게 탈모는 여성형 유방증이라는 든든한 동지를 만났다. 두 놈은 무려 십여 년간이나 질긴 우정을 이어갔다.

왜 수술을 결심하는 데 십 년이나 걸렸던가! 하나는 외면을 바꾸기 위해 몸에 칼을 댄다는 사실에 거부감을 느껴서다. 튀어나온 가슴에 그토록 스트레스를 받으면서도 나는 내면 이상으로 외면도 중요시하는 사람이라는 사실을 모른 체했다. 이 관념에서 벗어나자

두 번째 어리석음이 나를 붙들었다. 무릇 남자라면 치열하고 끈기 있는 신체단련으로 육체를 가다듬어야 한다는 의무감이었다.

'약물의 부작용 따위, 오히려 내게는 오늘도 상체운동의 동기 부여를 해주는 나긋나긋한 멘토에 지나지 않는 걸!' 하고 마음속으로 외쳐봐야(부끄럽지만 실제 중얼거린 주문이 맞다) 어떻게 운동으로 질병을 이기겠는가. 그래서 실제로는 운동도 거의 하지 않았다. 그때 나는 지금 이 책에서 비판하는 '의무'와 '가치'에 매여 있었다. 모든 문제는 반경 1미터 안의 조건을 '부푼 가슴'에서 '줄인 가슴'으로 바꾸는 것으로 간단히 해결했다. 행복도 간단히 늘었다.

행복이 당연한 사람들이 불행을 느끼는 방식

탈모와 여유증에 동시에 시달려 본 남자는 희소하므로 보다 보편적인 예를 들어보겠다. 재산에 관한 이야기다.

내 부모님은 반지하 단칸방에서 처음 가정을 꾸렸다. 아버지는 어머니에게 특별히 죄책감을 느끼지 않았고, 어머니는 자신이 특별히 불행하다고 느끼지 않았다. 이때 우리는 흔히 '그때는 그런 시대였다'고 한다. 여러 사연을 뭉뚱그린 이 문장을 해체해본다.

자영농 집안의 초가집에서 나고 자란 아버지는 학업을 마칠 때까지 농사를 지었다. 이 시절 산업화세대의 부모인 자영농 세대에게는 자녀에게 중고등학교 졸업 학력을 만들어주는 것만으로도 커다란 성공이었다. 서울에 상경하는 것만으로도 도전인 시대였고, 시멘트와 벽돌로 지은 가옥은 아무리 비좁아도 나름의 성취였다. 아직 선진국 국민이 아닌 그들은 그렇게 자녀에게 더 좋은 교육을 제공하고, 주말의 명화에 나오는 미국 가정에서나 볼 법한 가전제품을 하나씩 집안에 들이고, 생애 첫 승용차를 구매하고, 더 넓고 깨끗한 집으로 이사해갔다.

글쓴이의 외가는 원래 부유했지만 피난길에서 생사를 넘나드는 처절한 경험을 했으므로 어머니와 아버지의 세계관은 크게 다르지 않았다. 학교를 통해 부모보다 더 지적인 사람이 되고, 처음 도시인이 되고, 더 선진적인 세계관을 가진 시민이 되는 '확장'과 '상승'의 과정은 산업화세대는 물론 민주화세대에까지 이어졌다. 그들은 지금의 대한민국을 만들어온 사람들이고, 지하철, 상수도와 같은 인프라부터 인권의식까지 무엇이든 '처음' 누리는 사람들이다.

내가 포함되는 이후 세대부터는, 원래 모험과 성취였던 것들이 당연해졌다. 우리는 이제 깨끗한 수돗물을 무한정 사용하고 촘촘하게 짜여진 대중교통을 이용하는 정도로는 행복을 느끼지 못한다. 이미 만들어질 만큼 만들어진 나라의 국민은 쉽게 불행해질 준비가 되어 있다. 여기서 오늘날 청장년층 한국인을 비판할 생각은 전혀 없다. 경제력과 치안이 확립된 선진국 국민의 당연하고도 공통적인 증상을 이야기하는 것이다.

한국뿐 아니라 선진국을 조국으로 둔 사람들은 이미 만들어진 토대 위에서 태어나고 성장했다는 이유로 재능과 노력의 성적표를 제

출해 존재증명을 해야 한다는 불안에 시달린다. 선배 세대의 입장에서는 배부른 불안이지만, 배부른 불안도 불안이고 고통이라는 점은 틀림없다. 덧붙여 젊은 세대가 '너희는 행운아'라는 기성세대의 타박에 발끈하는 이유는 저 말에 피할 수 없는 진실이 있기 때문이다. 상대가 '꼰대'라고 한들 이쪽이 상대적으로 행운아라는 사실은 변하지 않는다. 인간은 자신이 쉽게 반박할 수 있는 말에는 그다지 분노하지 않는다.

‡

다시 도시의 한 낡은 단칸방으로 우리의 의식을 옮겨보자. 과거에는 처자식을 굶기지 않고 건사하면 가장으로 인정받았다. 주부가 집안일을 하며 아이들을 키워내기만 해도 궁색하지 않았다. 이제 단칸방 신혼생활은 부끄럽고 불안한 시대가 되었다. 신랑 신부는 부끄럽지 않은 전세나 자가 주택, 그리고 저축액을 교환해야 한다. 남들보다 좋은 조건에서 출발하는지, 혹은 남들보다 좋은 조건에서 자식을 결혼시키는지가 현실적으로 중요해졌다.

 짐승의 다리를 옥죄는 올무 같은 질문들은 삶의 다른 측면에서도 끝없이 이어진다. '자녀에게 남들보다 좋은 입시 환경을 제공하는가?' 이 질문은 자식에게 죄책감을 느끼는 부모들을 양산했다. 반대의 경우도 횡행한다. '부모에게 남들보다 괜찮은 자식인가?' 불효자임을 자학하는 어두운 유머는 인터넷 커뮤니티를 장악한 지 오래다. 나 자신에게는 어떤가. 지위, 명예, 경제력, 취직과 승진의 속도, 직종, 자아실현에서 남들보다 크게 뒤쳐져 있지는 않은지 불안해하지 않을 사람이 얼마나 있겠는가?

너무 걱정할 필요는 없다. 과거에는 오늘 살아 있는 것만으로도 웬만큼 행복의 조건이 충족되었다. 불안은 현대인의 특권이자 돌림병이다. 우리만의 문제가 아니다. 나만 해도 춥고 배고프지 않으니까 머리카락이 한 올씩 빠질 때마다 불안에 시달리지 않겠는가.

개인이 불안에서 벗어나는 방식

얼마 전 SNS 덕분에 어린 시절 동네에서 가장 유명했을 정도로 단짝이었던 친구를 만나는 특별한 행운을 누렸다. 우리는 만나서 참 많은 이야기를 풀어야 했다. 각자의 집안에 들이닥친 우환, IMF의 폭격에서 어찌어찌 죽지 않고 살아남은 이야기도 했다. 친구는 업계에서 전설적인 영업사원으로 활약하다가 지금은 누가 봐도 성공한 사업체를 꾸려나갈 정도로 출세했다. 그런데 여기까지 읽어온 독자들은 예상하시겠지만, 이 책은 피나는 노력을 통해 가난을 부로 바꾼 전통적인 성공담에 관심을 두지 않는다. 내 뇌리에 깊게 박힌 것은 친구의 신혼생활이 얼마나 행복했는지였다.

친구는 풍비박산 난 집안 사정과 가난으로 문자 그대로 몇 푼의 현금만 가지고 열악한 한 칸짜리 월세방에서 가정을 꾸렸다. 승용차는 물론 대중교통비도 없어 부부가 시장까지 수십 분을 걸어 장을 보던 이야기, 에어컨도 없이 단 한 대 있는 선풍기 바람을 만삭의 배우자에게 양보한 이야기를 들으며 놀랐다. 친구가 그때를 진심으로 추억하며 감미로운 표정을 지어서였다. 어째서 그렇게 행복했을까?

"그냥, 특별히 불행할 이유가 없었다."

친구는 '가난에도 불구하고 씩씩하게 이겨내기로 마음먹은 긍정적 마인드'를 운운하지 않았다. 궁핍함에 대한 불만을 성공을 위한 노력의 에너지로 삼았다는 식의 목적지향적인 사고도 없었다. 그랬다면 나는 그렇게 감동받지 않았을 것이다. 현재의 풍요가 과거의 고난을 추억으로 금칠했다고 의심했을 것이다. 하지만 친구는 신혼이었기에 행복했을 뿐이고 그게 전부다.

친구에게는 특별한 지혜가 있었다. 이 지혜는 누구나 힘과 시간을 들이지 않고 1미터 반경 안에 들여놓을 수 있기에 특별하다. 적건 많건 현재 행복의 요소가 있다면, 그것을 누리는 데에 최대한 집중하려는 단순명쾌한 태도다. 친구는 타인의 풍요에 관심을 두지 않았다. 사정이 좋은 부부와 비교해서 좋을 일은 하나도 없다. 즐겁기로 해서 나빠질 일 역시 하나도 없다.

또 하나, 친구는 구태여 불필요한 불안을 느끼려고 하지 않았다. 그들 부부는 지금의 가난이 지속되지 않을까 우려하지 않았다. 걱정할 때마다 주머니에 일정 금액이 적립되거나 가난에서 벗어날 확률이 올라가지 않는다. 물론 가난한 사람은 계속 가난할 수 있다. 사실 그럴 가능성이 높다. 하지만 미래는 어차피 불확실하다. 지금 걱정하면 지금의 행복이 침식될 뿐이라는 사실은 명확하다.

타인의 시선도 불안의 요소다. 현대인에게 아파트 평수와 자동차 배기량 따위로 표상되는 생활수준의 비교는 성적표를 대조할 때처럼 스트레스를 준다. 하지만 타인의 시선은 나의 실생활에 사실은 아무런 위력도 끼치지 못한다. 타인이 던지는 무시와 동정의 시선으로 내 냉장고 안의 달걀이 두어 개쯤 사라지는 마법은 벌어지지 않는다. 친구는 저마다의 반경 1미터가 독립된 영지이며 마찬가지로 가정도 독립된 세계라는 사실을 알고 있었다.

친구와 나는 거친 산동네에서 자랐다. 아무리 좁은 월세방일지언정 그때보다 안전하고 위생적인 환경이고, 사랑하는 사람도 있다. 장을 보러 먼 곳까지 걸어간다고 생명과 건강에 위협이 되지는 않는다. 그렇다면 부부가 서로를 반려자로 선택한 행복의 조건이 그대로 행복으로 눌러앉는 행운을 방해할 필요가 없다. 불안에 의한 공포는 때로 불가피하다. 하지만 있지도 않은 공포를 늘리는 일은 손해다. 손해는 손해일 뿐 거기에는 아무런 의미도 없다.

사실 방금 '불안에 의한 공포'라는 말은 잘못되었다. 불안이 곧 공포이기 때문이다. 나의 반경 1미터가 남들과 비교해 어디쯤 와 있는지 확인하려는 태도는 불안을 만들어낸다. 내 1미터의 지위에 신경 쓰지 말자. 1미터에 지위 같은 것은 없다. 우리는 어디까지나 반경 1미터 안에 무엇이 있는지에 집중해야 한다.

스피노자는 이렇게 말했다.

"당신 안에 무엇이 있는지를 순순히 받아들여라."

구체적으로 행복한 삶이란 무엇일까?

"진정한 행복이란 과연 무엇인가?"

"행복을 구체적이고 정확하게 말하자면 어떤 것인가?"

뻔하면서도 막연한 질문을, 네덜란드 공화파의 은밀한 정신적 지도자였던 스피노자도 받았을 것이다. 그는 일생 동안 수많은 질문에 답을 해주었다. 그의 말처럼 좋은 음식과 술, 푸르른 초목, 주거 공간의 관리, 운동, 음악, 적당한 술, 무대예술 감상을 통한 중용을 발휘하면 되는가? 그는 분명히 집요한 질문자에게 답답함을 느끼며 이렇게 말했을 것이다. '그래, 정말 구체적으로 말해주마'라고 생각하면서.

그렇다면 행복의 실체는 '소소하지만 확실한 행복'이라는 유행어로 들린다. 영어권 문화에는 이와 비슷한 친척으로 '욜로You only live once'(당신은 단 한 번만 산다)가 있다. 한 번뿐인 생, 한 번뿐인 오늘을 후회하지 않도록 누릴 수 있는 것을 누리면 되는 걸까. 물론 누리기만 하다가는 골로 가는 수가 있다. 그럼 오늘 누려도 되는 것을 선별해 누리면 어떨까? 답이 되었는가?

구체적인 예는 예에 불과하다. 아무리 행복의 사례들을 나열해도 행복의 조건을 다 말할 수는 없다. 기술에는 원리가 있다. 행복의 예를 쌓아 올릴 토대를 이야기하기 위해, 일부러 불행을 이야기해보도록 하겠다.

소소한 행복이든 욜로든 대부분의 사람들에게 소비를 즐길 기회는 공짜로 주어지지 않는다. 일을 해야 한다는 현실은 대단히 강력하고도 장기적인 스트레스다. 노동의 핵심은 재화를 벌기 위한 투쟁이지만 일이란 단순히 직장인이 출근하면서부터 퇴근하기까지의 사이에서만 벌어지지 않는다. 출퇴근길의 이동도 따지고 보면 노동이다. 운전은 말할 것도 없다. 나는 운전면허를 따고 처음 차를 가지게 되었을 때 운전을 몹시 즐겼다. 하지만 이제 자동차라는 기계를 조종하는 즐거움은 사라졌다. 운전이란 것은 할 만큼 하고 나면 더 이상 '게임'이 될 수 없다. 앞으로 남은 평생의 운전은 지루하고 조심스러운 노동의 시간일 것이다. 직업을 가지기 위해 해야 하는 노력도 만만치 않은 일이다. 식사를 차리는 것도, 식사 후 설거지를 하는 것도 노동이다.

노동은 세상이 부조리하다고 믿는 데 커다란 역할을 한다. 사람들은 이렇게 힘들게 일하는데도 행복하지 않다는 현실에 놀라움과 배신감을 느낀다. 그런 점에서 성경책의 시작은 환상적이다. 아담과 하와는 노동도 책임도 없던 시절을 보냈다. 하지만 에덴동산에서 쫓겨난 후부터는 힘든 노동을 해야 했다. 현대인은 노동을 불행하고 불가피한 숙명으로 받아들인다는 점에서 심리적으로 아담과 하와와 비슷하다.

한국은 본격적인 산업화 이후 아직까지도 계급 상승을 위한 속도경쟁 사회라고 볼 수 있다. 노동시간과 내부 경쟁의 강도에서 세계 최고 수준을 자랑하는 나라인 탓에 사회생활을 하는 시민의 삶은 백이면 백 몹시 치열하다. 한국에서는 중년의 직장인들이 각종 스트레스성 질환과 성인병, 알콜과 관련한 질병으로 나가떨어지는 일이 보편적이다. 사회생활뿐만이 아니다. 육아 역시 자신의 아이를 낙오시키지 않기 위해 부모의 소득과 노동을 끝없이 갈아 넣는 양상으로 진화했다. 이런 사회에서 노력하지 않아서 패배하는 경우는 거의 없다. 절대 다수는 건강과 수명을 깎아가며 노력했는데도 불구하고 위기를 겪거나 실패한다.

그러거나 말거나, 우주의 원리는 한국인을 특별히 생각해주지 않는다. 우리가 어떤 개미굴의 일개미들이 더 성실한지 궁금해 하거나 관여하지 않는 것과 같다.

내게 다가오는 것들을 그대로 받아들인다

나는 1978년생이다. 한때 'X세대'로 불렸던 우리 세대는 선배들에게 물려받은 낙천적 태도를 간직하고 있다가 준비되지 않은 채로

IMF와 장기 경기침체를 맞았다. 동시에 부모님이 경제적으로 파산한 경우도 상당했다. 따라서 세상에 '안착'하면서 사회생활을 시작한 경우가 극히 드물었다. 막노동, 노점 경험이 많고 결과적으로는 다른 세대에 비해 유독 사업가와 프리랜서, 모험적인 영업직의 비율이 높다. 내 주변 친구들 역시 지금껏 극과 극의 직업과 경제력을 오갔다. 한 번쯤 망해본 경험은 흔하다. 이러한 경험을 거치며 사업을 하는 친구들은 하나같이 육식동물로 진화했다. 갯과와 고양잇과는 물론 뱀, 하이에나, 곰, 악어 등 기질은 종별로 다양하지만 육식성만큼은 확고하다. 다시 말해 나와 같은 나무늘보는 위화감을 느낄 정도로 지는 것을 싫어하게 되었다.

간혹 실패와 패배를 이미 겪었거나, 겪을 예정인 친구들과 대화를 할 때가 있다. 겪을 예정이라는 표현은 빠른 시간 내에 일이 잘못될 게 눈에 뻔히 보이는 상황을 말한다. 사회생활은 예의와 품위로 잘 정돈돼 있지만 잔인한 구석도 있어서, 경쟁자와 먹잇감의 빈틈을 발견했을 때 그냥 지나치는 천사는 존재하지 않는다. 친구들도 잘 아는 사실인지라 실패 앞에서 감정적으로 발버둥을 친다. 보통은 두 가지 과정이 지나간다.

첫째는 분노를 터뜨린다. 나는 경험적 지혜를 빌어 친구가 자신이 처한 상황과 세상에 저주를 다 퍼부을 때까지 내버려 둔다. 둘째는 난 이렇게 쓰러지지 않는다, 반드시 이겨낼 거라는 투쟁 선언이다. 이 또한 이야기가 끝날 때까지 그냥 들어준다. 결국 나올 말은 정해져 있다.

'이런 (각자의 취향에 맞는 욕설), 어떡하지?'

다들 자기 분야에서 글쓴이보다 숙련자다. 그런데도 상담이 먹히는 까닭은 누구에게나 보편적으로 적용되는 당연한 사실을 말해서다. 실패는 실패로 받아들여야 한다는 점이다. 흔히 전투에서 승리보다 후퇴가 어렵다는 말을 한다. 잘 퇴각하려면 지휘관이 이 싸움은 졌다는 사실을 빨리 받아들여야 한다. 나는 지금 주어진 일은 퇴각이며, 퇴각의 목표는 피해를 최소화하는 것이라고 조언한다. 이렇게 목표가 설정되면 의외로 씩씩해진다.

전투에만 비유하면 너무 살벌하니 다른 상실의 예로 실연의 아픔을 들어보자. 실연은 상처를 남긴다. 그런데 이러한 상처를 최소화하는 방법이 있다. 나도 남들처럼 상실을 겪을 수 있다는 기본적인 사실과 내가 상실을 겪게 됐다는 지금의 현실을 동시에 인정하는 것이다. 인정하지 않으면 실연의 과정에서 절망하다가 더 상처 입게 되며, 후에는 감히 내게 상처를 준 그 인간을 증오하는 데 감정의 동력을 소모한다. 증오와 책임 전가는 스트레스 해소에 약간의 도움을 주지만 장기적인 폐해를 남긴다(바로 다음 챕터에서 이 이야기를 할 것이다).

행복의 토대는 받아들임이다. 행복도 불행도 있는 그대로 받아들이기를 추천한다. 자기애라는 것은 행복의 요소는 당연시하고 불행에는 의아해하는 습관으로 우리를 끌어들이는 자력을 지녔다. 내게 다가오는 것들을 있는 그대로 받아들일 수 있다면 반경 1미터에 들어온 행복과 불행을 침착하게 나열하고 수납하게 된다. 행복은 누리고, 불행은 처리하면 된다.

　우리는 방금 행복의 기술 중급을 완성했다. 이제부터는 상급으로 나아간다.

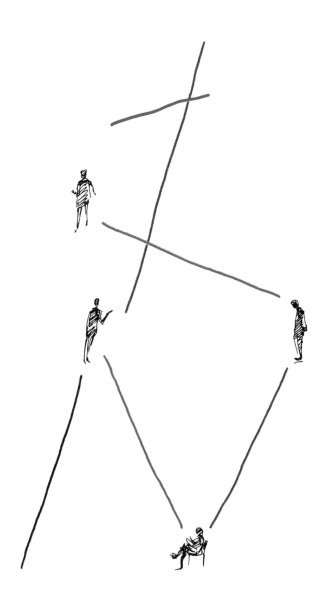

6장

세상에서
가장 먼 1미터

"증오는 주고받음 속에 자라나니,
증오가 증오를 낳고 키운다.
다른 한편으로 증오는 사랑에 의해
파괴될 수도 있다.
사랑에 의해 완전히 소멸된 증오는
사랑으로 수렴된다.
그러하기에 사랑이 보다 위대하며,
증오의 충동이 사랑보다 우월했던
적은 없다."

스피노자 Baruch Spinoza

우리 마음속에 존재하는 불행이 있다. 사랑의 반대편에 존재하는 미움이다. 빛이 있으면 그림자가 있다. 그러나 행복이라는 빛이 밝은 만큼 꼭 불행의 그림자도 짙으란 법은 없다.

여기 이번 챕터의 힌트가 있다. 스피노자는 "자기 감정의 먹이가 되는 사람은 스스로의 주인이 아니다"라고 했다. 사자성어로 표현하자면 '일희일비'하지 말라는 뜻으로 보이지만, 그렇지 않다. 기쁜 감정은 누리고 슬픈 감정은 쫓아내는 데 신경 쓰라는 의미다. 감정을 배제할 필요가 없다. 유익한 감정과 그렇지 않은 감정을 **선별**하면 된다.

사랑과 미움의 관계도 마찬가지다. 이탈리아 토스카나에 있는 피사의 사탑은 중력에 의해 기울어졌지만 중력의 법칙은 이탈리아뿐 아니라 한국에도 적용되듯이, 행복의 기술에서 모든 원리는 거기서 거기다. 사랑은 많을수록 좋고, 미움은 적을수록 좋다. **세상이 아니라 나 자신**을 위해서 그렇다. 그러므로 당연히 미움은 사랑보다 열등하다. 사랑은 내게 이익이고 미움은 내게 손해이기 때문이다.

미움, 의심, 억울함이 많을수록 타인과 소통하기 위해 좁히는 간격이자 세상으로 나아가는 한 발짝 거리인 1미터가 사하라 사막처럼 광활해진다. 무기를 손에 드는 대신 몸에 씌워 고슴도치로 퇴화해버린다. 1미터는 세상에서 가장 먼 아득한 거리가 되어버린다. 그러나 1미터는, 언제까지고 1미터여야 한다. 원래 1미터니까 말이다.

미워하는 마음은 허물이 아니라 비효율일 뿐이다

사랑은 외적 원인으로 인한 관념을 수반하는 기쁨이다. 그렇다면 미움이란 무엇일까? 단어만 바꾸면 된다. 미움은 외적 원인으로 인한 관념을 수반하는 슬픔이다. 사랑이라는 발전소가 자체적으로 반경 1미터 내부에 기쁨을 생산하듯이, 미움은 지속적으로 슬픔을 강요한다.

미움이 사랑과 마찬가지로 외적 원인에 인한 관념을 수반한다는 이유로 사랑처럼 중요하게 여겨야 한다는 논리에 빠지면 안 된다. 좌우 대칭의 균형을 맞추듯이 기쁨과 슬픔이 공평히 짝을 이뤄야 한다는 강박관념은 버리는 편이 좋다. 삶의 원리에 건축미는 필요 없다. 행복과 불행의 관계를 단순한 플러스와 마이너스라고 생각하자.

증오가 많은 사람은 불행하다. 현명한 사람은 증오하는 대상을 줄이기 위해 노력한다. 물론 인간이 살면서 미움을 가지지 않기란 불가능하다. 나 또한 어머니의 생명을 앗아간 범죄자들을 생각할 때마다 기분이 몹시 좋지 않다. 하지만 그들을 생각하지 않기란 불가능하다. 그들을 용서하거나 잊을 생각도 없다.

정도의 차이는 있지만 누구라도 마찬가지다. 학교 선배부터 직장 상사까지, 살면서 자신을 괴롭히는 사람을 한 명도 만나지 않기란 불가능하다. 예기치 못한 사고와 불운도 마찬가지다. 사람은 자신에게 슬픔을 짐 지우는 것들을 잊거나 사랑할 재주도 없고, 그럴 의무도 없다. 미운 것이 생겨나고 존재함은 인정할 수밖에 없다. 하지만 미운 대상을 인위적으로 만들어낼 필요는 없다.

증오와, 증오에 의한 고통을 숙명적으로 받아들이는 것은 오류다. 미움이 적으면 적을수록 좋다는 단순한 사실에 고개를 끄덕거릴 수만 있으면 된다. 미움은 행복의 양을 덜어내는 요소에 불과하다. 우리의 사명은 삼킬 것은 삼키고 아닌 것은 뱉으라 한다. 미워하기 위해 내가 존재하지 않는다. 따라서 나를 위해 미움을 줄여야 한다. 목표와 수단은 언제 어디서나 주객이 전도되어서는 안 된다.

부풀려진 증오는 고통도 부풀린다

부유한 남성은 여성이 자신이 아닌 자신의 돈을 사랑할까 두려워하고, 가난한 남성은 선택받지 못할까 두려워한다. 근본은 같지만 가난한 쪽의 공포가 훨씬 크다. 공포에 시달리지 않기 위해 1미터를 둘러싼 성벽에 창날을 꽂고 대포를 설치한다. 그리고 불특정 다수의 여성들에게 타락한 속물이라고 화포를 쏘아댄다. 재밌는 점은, 그들 대부분이 아직 자신을 착취하는 여성을 만나보지 않았다는 점이다. 당해보지도 않은 미래의 잠재적 피해에 지금 분노한다. 바로 이런 이유로 우리는 여성을 혐오하는 사람이야말로 누구보다 여성을 원한다는 사실을 매일같이 확인하며 산다.

반경 1미터 안의 재료는 무한하지 않다. 재료는 누구에게나 거기서 거기다. 그래서 방어력 강화 작업은 아랫돌 빼서 윗돌 고이기의 연속이 된다. 성벽을 두껍게 개보수할 재료를 침실을 허문 데에서 구하는 바람에 추위에 시달리는 격이다. 여성에 대한 혐오가 한 번 자라나면, 그때부터는 지속적으로 스트레스를 받아야 한다. 지적인 생명체인 인간이 이렇게 어리석은 행동을 하는 이유는 공포가 판단력을 흐트러뜨리기 때문이다.

애초에 인간은 모두 크게 다를 것이 없어서 상상으로 현실을 괴롭히는 자해행위에 성별의 구별은 딱히 없다. 타인에게 선택받지 못할 공포, 직업 경쟁에서 탈락할 공포 등 인간이라면 대부분 가지게 마련인 공포를 증오로 리모델링한 여성들이 있다. 이들은 남성을 너무 증오하게 된 나머지 화가 나면 손이 떨려서 글을 못 쓸 지경이라는 내용을 적어서 SNS에 공개한다. 이들에게 한국 혹은 세계는 여성을 짓밟고 착취하고 죽이기 위해 최선을 다하는 암흑천지인데, 이는 빠른 속도로 종교적 믿음이 된다. 현실에 대한 불만족이 철저히 1미터 외부 때문이라는 핑계를 얻는 대신 1미터 안에 더 큰 공포와 증오를 심어놓는다. 칼 구스타프 융은 말했다.

> "타인만을 속이는 사람은 건강하고, 자신까지 속이는 사람은 병 들어 있다."

언젠가 나는 유명한 페미니스트와 꽤 긴 설전을 벌인 적이 있다. 설전 중에 그는 나 같은 사람이 너무나 싫다는 말실수를 하고 말았다. 그의 상상 속에서 나는 세상을 거꾸로 돌리고 여성을 억압하는 악인이니까. 그는 이런 자충수를 저지르기엔 너무 명석한 사람이었다. 시민사회의 기본적인 규약을 어기는 자살행위를 저지를 정도로 미움의 감정에 고통받은 것이다. 미움받는 처지가 썩 유쾌하지는 않지만, 나를 증오해서 더 손해 보는 이는 바로 당사자다.

당연한 존재 혹은 존재의 당연함

대학 시절 전공이 철학이라는 이유만으로 주변으로부터 현자 취급을 받곤 한다. 평범한 학부 졸업생인데도 술에 취한 친구들은 박사 취급을 한다. 그래서 '대선아, 난 도대체 어떻게 살면 되냐?' 같은 추상적인 질문을 받기도 한다. 손금이나 관상을 봐 달라는 것보다야 낫지만, 인생의 지혜에 있어 글쓴이나 친구들이나 대체 뭐가 다르겠는가. 나는 면벽수행을 하다가 득도한 사람이 아니다. 내가 해줄 수 있는 조언은 상식적인 말밖에는 없다. 보통은 다음과 같이 '당연하다'는 처방을 내리는 편이다.

Q: "부하직원이 맘에 들지 않는다."
A: "네 맘에 꼭 들지 않는 사람이 근처에 있는 건 당연하다. 부하직원은 너에게 사랑받아야 할 의무가 없다. 그는 네 맘에 들려고 태어나서 자라고 공부하지 않았다."

항상 이런 식이다. 나는 친구들에게 웬만해서는 넌 할 수 있다거나("나는 널 믿어, 짜샤!") 힘내라고 해주지 않는다. 소주 한 잔 진하게 붓고 털어내면 그만이라고도 하지 않는다(술이 깨면 걱정은 고스란히, 그것도 이번에는 숙취와 함께 되살아난다). 내 마음속에 철학과 졸업생 출신 작가를 더 이상 반쯤 득도한 양반 취급하지 말고 떨어져 나가라는 마음이 없었다면 거짓말이다. 그럼에도 불구하고

어느 일상의 철학도가 건네는 생활 처방

Q: "상사가 너무 싫다."

A: "네게 상사한테 사랑받는 인격이 될 의무가 없는 것처럼 상사에겐 너한테 호평받는 것보다 중요한 일이 넘쳐나지 않을까?"

Q: "나는 힘들게 일해서 일 년에 천만 원 모았는데 그 녀석은 부모님이 해준 아파트가 올해 2억 원이나 올랐더라. 치졸한 건 알겠는데 분한 마음을 떨칠 수가 없다."

A: "고스톱 쳐서 저축한 게 아닌 한 그런 일로 괴로운 건 당연하다."

Q: "나라가 왜 이 모양 이 꼴인지 모르겠다."

A: "원래 어떤 나라도 국민 마음에 쏙 들지는 않는다."

Q: "부모님을 원망하는 마음이 불효 같아서 괴롭다."

A: "태어나면서부터 부대껴온 혈육에게 사랑의 감정만 들면 그게 오히려 더 이상하다."

Q: "처자식만을 위해서 살자니 내 자신이 사라지는 것 같다."

A: "학교에서 싫은 과목을 공부해도 왜 하냐는 생각이 드는데, 공부도 아니고 일을 하면서 과연 나만을 위한 노력일까 회의감이 드는 건 당연하다."

역도 역시 참vice versa.

Q: "사람들이 싫고 무섭다."

A: "네가 사람들을 보듬고 지켜줄 의무가 없는 것처럼 남들도 당연히 자신의 이익을 너보다 중요하게 여긴다."

Q: "직원들에게 잘해주는 만큼 좋은 사람으로 인정받지 못할까 두렵다."

A: "원래부터 타인에 대한 평가는 그 사람 마음 아닌가. 하지만 네 두려움은 당연하다."

Q: "직장에서 노력하는 만큼 상사들이 인정해주지 않는다."

A: "직장인이라면 당연히 가질 만한 불만이다. 하지만 이야기를 들어보니 너도 상사가 노력하는 만큼 그분을 존경하지는 않는 것 같다. 그런데 그것도 당연하다."

Q: "회사가 나의 가치를 모른다."

A: "회사는 가치가 아니라 이익을 위해 존재하고 네 잠재적 가치를 알아주고 키워주기 위해 널 고용하지 않았다. 네가 회사를 차리면 너 역시 고용한 직원의 가치보다는 월급만큼의 업무성과를 보여주는지에 관심 있을 것 아닌가? 그래서 네가 나쁘다는 게 아니라 네 마음도 당연하다는 뜻이다."

Q: "내가 지지하는 후보를 떨어뜨린 유권자들이 너무 싫다."

A: "남들 생각이 너와 다른 것도 당연하고, 네가 그 사람들에게 짜증이 나는 것도 당연하다."

Q: "동업자가 게으르고 무책임해서 마음고생 중이다."

A: "그 인간이 얼마나 한량인지는 모르겠지만 네가 로봇을 구매하지 않은 한 원하는 대로 움직여주는 동업자는 당연히 없다. 거꾸로 그 사람한테는 네가 마음에 안 들 수 있는데 그건 그것대로 당연하다는 사실을 너도 마음속 깊은 곳에서 인정하고 있다는 데 만 원 건다."

상담 요청이 계속해서 들어온다는 사실에 약간의 만족감이 없다면 그것도 거짓말이다. 내 처방은 사실 처방이 아니다. 처방을 내리지 않거나 내릴 수 없다는 결론이다. 헌데도 무신경한 상담을 계속 받고 싶어 하는 이유는 생각해볼 만하다.

마음에 들지 않는 상황.

마음에 들지 않는 결과.

그리고 무엇보다, 마음에 들지 않는 사람.

우리의 1미터 밖을 좀비처럼 돌아다니며 언제든 우리의 행복을 방해할 준비를 마친 것들이다. 그러나 존재를 받아들여야만 한다. 그중에서도 사람은 특히 그렇다. 고유한 영토를 분양받은 그들은 당신의 쓸모를 위해 태어나지 않았다. 그들은 해결해야 할 문제가 아니다. 불편한 사실이지만 사실은 도움이 된다.

모두가 인생은 처음이기 때문에 무기가 필요하다

우리는 기본적으로 어린아이다. 세상에는 어린아이가 시간이 지나 법적 성인이 되면 강인해진다는 기이한 믿음이 널리 유통된다. 하지만 사실 어른은 어른인 척 하려고 노력할 뿐이지 않은가? 공정 과정 내내 어린이로 커서 사회에 출시됐는데 어떻게 갑자기 어른이 되겠는가. 소수의 행운아가 아닌 한 고작 투표, 음주, 흡연, 운전의 권리를 받는 대가로 먹고살기 위해 끊임없이 일하며 세금을 내야 한다. 결과에 책임을 져야 하고 낙오의 불안에 시달리며 산다. 그러다 보면 오랜만에 만난 친구에게 술 한 잔 하자고 어깨를 툭 쳤다가 이런 대답을 듣는다. "나 당뇨 걸렸다."

독자 여러분이나 글쓴이, 동년배 친구들 가운데 가장 먼저 성인병의 세계에 진입하는 선구자는 나오기 마련이다. 술 대신 커피를 마시며 추억 속에서 또 다른 친구를 꺼내 소식을 물으면 열에 한두 번 정도는 기분이 착잡해질 각오를 해야 한다.

"부모님 장인장모 모두 아프셔서 요새 투잡인가 쓰리잡인가 한다더라. 밤에는 대리운전 뛴다고 하고."
"그놈 여기저기 빚지고 사업 망해서 연락 안 된 지 오래됐어. 죽었는지 살아 있는지도 모른단다."

어른이 되면 세상의 비정함 앞에 알몸을 드러낸 채 평생을 산다. 현대에 태어난 것은 행운이며 옛날에는 사람들이 매일같이 굶어죽고 얼어 죽었다고 한다면, 맞는 말이지만 과거보다 나은 환경에서 산다는 사실을 안다고 해서 지금의 내가 더 평온해지지는 않는다. 우리는 스무 살까지 부모와 사회, 법률의 보호를 받고 자란 대가를 평생에 걸쳐 치른다. 어른으로 성장한 몸은 껍질에 불과하다. 껍질을 벗겨보면, 성인은 대체로 아파 하는 아이다. 노인은 몸이 뜻대로 움직이지 않고 말 상대가 부족한 아이다(그래서 그들은 그나마 말을 들어주는 사람들에 둘러싸이는 명절과 제사를 손꼽아 기다린다). 엄마는 아이를 키우느라 힘들어 하는 아이다. 환자는 울 권리를 박탈당한 아이다.

어른의 신체를 얻은 것만으로는 삶을 살아내기에 부족하다. 마음의 무기가 필요하다. 무기를 얻어 휘두르기 위해서는 나와 세상의 관계를 확실히 정립할 필요가 있다. 우리는 세상의 주민이기 때문이다. 그리고 우리가 야생에서 늑대와 경쟁하며 사는 게 아닌 이상, 세상은 나를 제외한 타인들의 모임이라고 해도 무방하다. 따라서 세상에 대한 해석은 타인들에 대한 해석과 별다른 말이 아니다.

폭력의 기원

나와 세상의 관계는 이 책에서 반복해 설명했다. 기본적으로 아무 사이도 아니다. 하지만 어째서 나는 여전히 이리도 억울하며, 나의 삶은 불만족스러운가? 그것은 제도가 나를 위해 존재해야만 한다는 환상 때문이다. 그런데 제도, 체제, 환경, 국가적 관습이 나를 괴롭히기 위해 존재할 이유는 더더욱 없다. 세상이 나의 불행을 원한다는 믿음도 환상이기는 마찬가지다.

나는 폭력에 내몰린 학창시절을 보냈다. 초등학교 1학년 때부터 교사와 선배들에게 줄기차게 맞았다. 내가 속한 세대는 지나치게 맞고 때리며 성장했다. 한국의 1980년대생까지는, 교사에게 맞은 날을 꼽았을 때 한 달 내내 매일 한 번 이상 맞았던 적도 흔할 것이다. 교사들로부터 학습받은 가장 강렬하면서도 반복적인 행위가 물리적 폭력이었던 것이다. 입력된 내용은 출력되는 법이다. 나와 친구들은 하나같이 공격성이 차올라서 터지기 직전의 폭탄 같았다. 교사들의 승용차는 종종 박살이 난 채 아침을 맞았다. 당연히 복수심에 불탄 어떤 학생의 작품이다.

어떤 날은 등굣길에 선배에게 구타당하고 학교에서 교사에게 야구방망이로 엉덩이와 허벅지의 살이 터질 정도로 맞았으며 하굣길에서 선배에게 또 한 번 맞은 다음 집 앞에서 교사를 만나 마지막으로 맞고 집에 들어갔다. 일일이 세어 보진 않았지만 그날 400대쯤 맞은 것 같다. 일기장에 기회만 주어지면 맹세컨대 죄다 죽여 버리겠다고 썼던 기억이 난다. 하지만 너무 낙천적이었다. 군대에 가니 그 정도 폭력은 매일 당하는 일이었다.

그때 나는 특별히 나를 괴롭히는 폭력적인 선임이 전역하는 날만을 기다렸다. 내가 복무하던 부대에는 전역 며칠 전에 후임병이 그동안 쌓인 한을 물리적으로 갚아 주는 문화가 있었다. 그 선임은 내가 결성한 복수부대에 억류된 채 모진 고문을 당하다가 용케 탈출했다. 우리는 수색조를 편성하고 수색 동선을 숙지한 후 그를 체포하는 데 성공했다. 탈출을 시도한 징벌로 고문의 강도는 한층 높아졌는데, 그중에는 표면은 새카만 파리 떼고 내용물의 반은 헤엄치는 구더기인 반액체, 반고체 상태의 음식물 쓰레기통 안에 처박

히는 것도 포함되었다. 보통 전방 군부대 음식물 쓰레기는 인근 농가의 돼지 사료로 쓰인다. 그런데 군부대 급식 일정에 따라 돼지가 먹지 못하는 생선 가시나 계란 껍데기로 가득 찬 음식물 쓰레기가 연속해서 나와 돼지 농가가 며칠만 수거하지 않으면 이렇게 악마의 액체가 제조되곤 했다.

선임은 음식물 쓰레기통에서 기어 나오며 코부터 풀었다. 썩어가는 끈적이는 액체가 눈, 코, 입을 죄다 틀어 막았으니 숨구멍을 확보하는 게 급선무였을 것이다. 그의 콧구멍에서 분홍색(군부대 음식물 쓰레기의 표준적인 색이다) 점액과 함께 팔딱거리는 구더기 십 수 마리가 튀어나왔을 때 통쾌하게 웃지 말았어야 했다. 우리에 갇혀서 이딴 걸 먹는 돼지들에게 죄책감을 느낄 틈도 없이 그 선임에게 깊은 포옹을 당했다.

이미 음식물 쓰레기 진액과 구더기가 온통 묻어 망가진 몸이 된 나는 동지들을 배신하고 선임과 함께 나머지 부대원들을 사냥하러 다녔다. 나만 당할 수 없으니, 우리는 좀비처럼 뛰어다니며 아직 깨끗한 전우들에게 더러움을 전염시켰다. 사냥은 전 소대원이 더럽혀진 몸이 되어서야 끝났다. 선임과 나는 밤에 벌벌 떨며 찬물로 샤워를 하면서 맹세했다. 혹시 사회에 나가 길거리에서 보거들랑 인사도 하지 말고 멱살과 주먹으로 대화하자고. 그런 말을 나누는 와중에도 서로의 귓속에서 구더기가 나왔다.

다행스럽게 아직 사회에서 그와 마주친 적은 없다. 하지만 기괴함을 넘어 우스꽝스러울 정도의 폭력이 대체 왜 있어야 했는지 생각해보지 않을 수 없었다. 전역한 후 훈육과 예의범절을 빙자한 물리적 폭력으로부터는 완전하다고 해도 좋을 만큼 해방되었다. 어린아이들로부터 '아저씨'라고 불리는 나이가 되면 어디 가서 잘못했다고 맞을 일은 없다. 이때부터 한 발 떨어져 내가 겪은 폭력의 역사를 되짚어 보았다. 진절머리 나는 역사였다.

나름대로 폭력의 근원을 추적해봤다. 그런데 그 과정은 자기반성과 분노로 얼룩진 진지한 해부가 아니었다. 오히려 꽤 신날 정도로 흥미로운 과정이었다.

백 년을 천 년처럼 살아야 했던 공간

군사적이고 수직적인 체계로 결과를 만들어내는 문화는 상급자에게 하급자에 대한 막강한 권한을 부여한다. 교사가 학생에게, 부모가 자식에게, 어른이 미성년자에게, 선배가 후배에게 암묵적인 명령권을 가진다. 상급자는 물리적으로 드러난 폭력, 예컨대 '줄빠따'나 얼차려 따위로 권위를 재확인하고자 한다. 여성이라고 예외는 아니어서 간호대처럼 여성이 많은 학과에서는 기수에 따른 엄혹한 서열 문화가 보편화되어 있다.

이런 문화는 동급자들끼리도 우열을 확인하려는 사고를 낳았다. 당시에는 새 학기마다 신입생들의 서열 정리를 위한 토너먼트식 싸움이 벌어졌다. 토너먼트는 각 반에서 시작해 학년 전체라는 상위 리그에서 최종 결정된다.

개인 서열 확인은 집단적인 서열을 확인하는 단계로 나아간다. 두 가지 방식이 있는데 먼저 《삼국지》로 익숙한 일기토가 있다. 자기 학교 토너먼트 챔피언이 다른 학교 챔피언과 일 대 일 대결을 하는 방식이다. 그러나 이렇게 낭만적이고 깨끗한 경우는 별로 없다. 보통은 학교 단위의 패싸움으로 번진다. '우리 학교 순진한 애가 니희에게 맞았다'는 명분은 말 그대로 명분에 불과하다. 본질은 우열을 확인하는 데 있다. 트로피로 걸린 것은 기껏해야 어느 공터의 '저녁 시간 사용권' 따위 정도였다. 이긴 쪽은 갈 일이 없는데도 일부러 공터에 가서 쓸데없이 서성댄다. 진 쪽의 학생들은 일부러 공터를 피해 멀리 돌아간다. 별다른 실용성 따위는 없다. 서열 정리의 결과를 재확인하는 의식적인 행동일 뿐이다.

1990년대 혹은 2000년대 중반까지 있었던 학원 폭력문화는 기성세대를 움직이는 수직적 구조와 뗄 수 없는 관계에 있다. 학교 단위의 패싸움은 거기서부터 유래된 최종 부산물이다. 그래서 쇠파이프와 각목을 들고 수십 명, 크게는 수백 명 단위로 싸우던 시절의 고등학생들은 지나가던 할머니 한 분의 호통에 연기처럼 흩어졌다. 어른을 공경해야 한다는 관념과 패싸움이라는 현상은 겉모습이 무척 달라 보이지만 실은 엄격한 서열 구조라는 하나의 줄기에 속해 있었다.

내가 경험한 한국의 폭력문화는 범죄율과 사망률이 높은 미국 등지의 슬럼가 문화와는 성격이 다르다. 이 경우는 폭력이 체제의 통제에서 벗어나 예측 불가능하게 여기저기서 발생한다. 반면 한국의 폭력은 확고한 구조 속에서 관습적인 규준에 의해 발생한다. '때려도 되는' 상급자가 정해져 있고, 상하의 구별이 없으면 인위적으로 우열을 겨루는 구조다. 물리적 폭력이 사라져도 구조는 그대로 남는다. 예컨대 갑을관계도 이 자장 안에 있다. 을의 대표가 갑의 담당자에게 갖추는 예의도 서열을 명확히 하려는 의식이다. 그래서 한국의 폭력은 야만적이되 '문명적 야만'이다.

'문명적 야만'의 배경에는 여러 가지 맥락이 있다. 유교에 모든 책임을 무는 것은 의병을 이끌고 외세에 맞섰던 조선 사대부들에게 좀 미안하지만, 그래도 유교의 책임이 일부는 있다고 봐야겠다. 그렇지 않고서야 교사라는 이유만으로 도덕적 권위까지 점유한 채 우리에게 물리적 폭력을 가르치지는 못했을 것이다. 일제 강점기가 남긴 군사문화, 기수문화의 책임은 꽤 커 보인다. 한국전쟁과 베트남전쟁의 책임도 상당하다. 20세기 한국인은 몹시도 군사적인 문화에서 성장할 수밖에 없었다.

‡

그러나 내가 속한 세대까지 감내해야 했던 물리적 폭력의 가장 큰 책임은 단연코 산업화 시기에 있다. 산업화 시기는 지나치게 다급한 면이 있었는데, 그럴 필요가 있었다. 해방 후 정치적 혼란 때문에 본격적인 산업화는 십 수 년 가량 정체되어 있었다. 산업화세대는 한국에서 집단적인 근대적 교육을 받은 최초의 세대다. 지금도 많은 영화와 드라마에서는 산업화세대가 '육남매를 키우시느라 고생한' 어머니를 추억하며 눈물 짓는 장면이 클리셰로 곧잘 삽입되곤 한다. 조선시대, 일제강점기와 달리 '육남매'는 잘 죽지 않고 살아서 순조롭게 어른이 되었다. 한 집안의 농토를 육남매가 쪼개 상속받으면 모두 굶어 죽는다. 말 그대로 생산력이 한 가정의 생계를 감당하는 수준밖에 되지 않기 때문이다. 따라서 유산이 효과적으로 쓰이기 위해서는 자녀 중 한 명에게 모두 물려주는 방법 외에는 없었다. 그래서 도시인들이 명절 때 '시골 큰집'에 가는 현상이 생겨났다.

문제는 땅을 물려받은 자녀를 제외한 나머지, 즉 '오남매'다. 딸이야 시집보내면 된다고 해도 남의 집 딸에게 장가갈 아들들이 남는다. 당시 한국에서는 이들을 받아들일 직업 공간이 턱없이 부족했다. 무능해서 직업을 가지지 못한 것은 아니지만, 직업이 없는 채로 나이를 먹다 보면 정말로 무능해진다. 한 번 장기 실직자가 넘쳐나는 나라가 되면 부강해질 기회를 영영 놓치고 만다. 따라서 한국전쟁과 정치적 혼란으로 십 수 년이나 정체된 산업화를 추진하는 일은 뒤를 돌아보지 않고 내달리는 전력 질주가 되었다.

워낙 다급했던 만큼 대한민국은 절차적 정당성을 무시하고 결과주의를 추구했다. 이때 군사적 권위주의와 서열만큼 확실한 결과를 가져다주는 것이 없었다. '상급자가 시키면 하급자는 무조건 한다.' 그러면 산업화의 경험이 없는 나라에서도 결과를 만들어낼 수 있다. 상급자가 하급자의 정강이를 구둣발로 걷어차는 이른바 '쪼인트 까기'는 원래 미국의 남성 문화다. 주한미군을 통해 한국에 전파된 쪼인트 까기는 전국의 산업 현장을 뒤덮었다.

지금 우리가 누리는 '선진국' 대한민국의 인프라는 그 대부분이 꽉 막힌 집체주의에 의해 가능했고, 그 논리에 기꺼이 동의한 개인들의 헌신으로 이뤄진 것이다. 강원도 양양군 서면에는 한계령 위령비가 있다. 한계령 도로를 내는 공사에 동원되어 변변한 안전장치도 없이 작업하다가 순직한 장병들을 추모하고자 세운 비다. 대를 위해 소를 희생시키는 일이 아무것도 아닌 시대였다. 전국의 학교에 강원도산 우유를 급식으로 보내 국민의 평균 신장을 늘이기 위해 군인은 죽어도 되었던 것이다. 공짜 인력인 군 장병은 이삼십 년 간 수도 없이 죽어나갔다.

시골마다 남녀노소 할 것 없이 녹화사업, 치산치수, 유해조수와 해충 구제, 각종 인프라 사업에 집단 동원되었다. 집체적 활동을 위해서는 역시 집체적 교육이 필요했다. 언제든지 집단 동원될 준비를 마치려면 오와 열을 맞춘 줄 서기, 좌향좌, 우향우, 뒤로 돌아와 같은 제식과 얼차려를 '교육'받아야 했다. 의무교육 과정에 교련 과목이 있었고 월요일 조회와 매일의 종례가 있었으며 교사의 폭력이 당연시되었다. 그런데 그 덕에 국가는 풍요로워졌다.

사기업이 성장한 구조도 그대로다. 한국인은 선진 산업사회의 노동자가 일하는 요령을 몰랐다. 노동자에게 효율적으로 일을 시키는 방법도 훈련되지 않았다. 가난에서 탈출하고 선진국 문턱을 밟기 위한 방식은 사기업에서도 그대로 재현되었다. 효율적으로 일하지 못하면 결과가 나올 때까지 야근하면 된다. 무작정 회사를 위해 체력과 정신력을 갈아 넣는 기업문화가 정착됐다. 한국은 아직도 시간 대비 노동생산성이 낮으며 야근이 잦다. 산업화를 이룬 지 얼마 되지 않았기에 남은 흔적이다.

‡

개인이 희생하면 체제는 살찐다. 조직을 위해 개인이 희생하고, 그 희생이 정신력이고 애국이고 능력이던 시기를 보낸 사람들은 산업 현장을 자신들보다 운 좋은 후배 세대에게 물려준 지금 '꼰대'라고 불린다. 풍요로운 체제를 당연시하며 자란 세대의 눈에는 바로 그 체제를 만든 기성세대의 교양과 취향이 거슬린다. 그래서 그들을 꼰대라고 부르고 그 순간 자신들도 꼰대가 된다. 꼰대란 누군가를 주관적으로 판단하는 사람이다. 그리고 인간은 누구나 자신의 주관적 경험으로부터 판단을 이끌어온다.

나는 기성세대의 미감에 짜증을 내는 어린 시절을 보냈다. 산업화세대 어르신들은 패션 취향이 어설픈 정도가 아니라, 아예 없다. 민주화세대 선배들은 나름의 취향이 있지만, 죄송하지만 도저히 멋지다고 해줄 수가 없다. 우리 세대부터는 이들을 '꼰대'로 부른다. '정통 꼰대'냐, '86 꼰대'냐의 차이만 있지 꼰대 취급은 같다. 그들은 산업화든 민주화든 하나의 목표를 위해 오와 열을 맞춰 달려가는 대가로 개성을 상실하는 시절을 보냈다. 나의 세대는 그렇게 만들어진 토양 위에서 개성을 발달시켰다.

X세대라는 칭호가 붙여진 '우리'는 자라고 나이 먹는 내내 한국의 멋없음에 진저리를 냈다. 짜증나는 대상은 널리고 널렸었다. 몰개성하고 삭막한 사각형 시멘트 건물, 시골의 집 지붕마다 기와 대신 올라가 있는 칙칙한 슬레이트 판, 검은 양복 차림의 '아저씨'들이 신은 흰색 양말, 총천연색 숙녀복과 진한 화장과 파마머리의 조합 등, 그 많은 것들 가운데에서도 가장 고까워 했던 풍경은 중산층 가정의 아파트 실내였다. 꽤나 천편일률적이었는데, 대체로 듣지도 않는 전축과 루이 14세풍 가죽 소파, 거실의 소파와 전혀 어울리지 않는 안방의 자개장, 읽지도 않는 《동아대백과사전》 전질(좀 더 생활수준이 높으면 《브리태니커 백과》 영문판과 처칠 영문 자서전 따위로 업그레이드된다)로 구성되어 있다.

그들은 돈을 벌었지만 쓸 줄을 몰랐다. 자신만의 취향이 없었으므로 돈을 쓰되, 실은 쓰는 척만 가능했다. 나는 지금 기성세대에게 가졌던 혐오를 반성한다. 그들은 젊은 세대가 보다 내밀하게 인생을 향유할 수 있도록 하기 위해 치른 대가로 이해받지 못하는 존재가 되었다.

폭행당하는 자아

한국의 물리적 폭력은 현대사로부터 유래했다. 물론 나는 맞고 자란 과거에 감사할 필요성을 못 느낀다. 그러나 한국인들은 자신들이 운 좋게도 선진국의 문턱을 넘어선 나라에 살고 있다는 사실을 더 이상 부정할 수 없다. 현재 한국인이 누리는 풍요와 폭력은 연결되어 있으며, 사실 동전의 양면이나.

현재의 교육 과정과 성장 환경은 나의 세대까지가 경험한 물리적 폭력과는 어느 정도 거리를 벌리는 데 성공했다. 그러나 신체가 괴로운 것만이 폭력은 아니다. 폭력은 부드럽고 정교해졌다. 이제는 신체가 아니라 자아가 폭행당한다.

예를 들어 의무교육을 이수하기 위해 학교에 다니는 일은 강제적이다. 하나의 강제 속에서 여러 강제가 피어오른다. 학생들은 강제적으로 급우들과 경쟁하고 비교된다. 공부, 체육, 외모 등 자신보다 뛰어난 학생들의 존재에 스트레스를 받아야 하고 때로는 노력해도 넘어설 수 없다는 사실에 좌절해야 한다.

교육 과정을 모두 마치고 취업전선에 뛰어들면 타인에게 심사의 대상이 된다. 우리는 다양한 규칙에 얽매인 채 자본주의 세계에서 살아남기 위해 끝없이 가난의 위협에서 멀어지려고 발버둥 친다. 그러는 와중에 끊임없이 부조리를 경험한다.

학교는 왜 가야 하는가? 왜 이다지도 심한 경쟁에 내몰려야 하는가?

어째서 이 나라는 이렇게 경제적으로 살아남기가 힘든가?

왜 이렇게 많이 공부하고 오래 일해야 하는가?

살기 위해 강제당해야 하는 규칙과 예의범절은 왜 이렇게 많은가?

국가는 개인에게 강요하는 게 왜 이렇게 많은가? 무슨 자격으로?

나는 무슨 이유로 제도로부터, 사람들로부터 억압당해왔는가?

열심히 공부하고 경쟁하고 일했건만, 내 행복은 어디 있는가?

악인들이 이렇게나 활개 치는데 법은 도대체 어디에 있는가?

내 직장에서 왜 하필 저따위 상사가 내 위에 앉아 있는가?

나보다 나쁜 인간들은 잘사는데 내 삶은 왜 이 모양인가?

세상은 왜 이 모양인가? 어째서 이리도 부조리가 많은가?

기성세대는 왜 그 모양인가?

젊은 세대는 왜 그 꼴인가?

여기서 틀린 질문은 없다. 하지만 틀리지 않았다는 점이 실용성을 보장하지는 않는다. 이 질문들은 우리에게 사회와 사회구성원을 미워하도록 부추긴다. 그러므로 틀리진 않았으되, 조심스럽게 다뤄야 한다.

지금 여기를 사는 데 대한 원금과 이자

누구나 내가 이룬 세계에 태어나지 않는다. 누군가가 이뤄놓은 세상에 태어나 살아간다. 한국이라는 나라든, 내가 사는 사회의 문화든 그것도 아니면 가정환경이든 마찬가지다. 주어진 환경은 우리가 상속받은 원금이다. 원금에는 이자가 붙는다. 이자를 필연적으로 내야 하는 세금이라고 생각해도 좋다.

한국은 역사적으로 조선시대는 말할 것도 없고 더 거슬러 올라가 고려시대부터 유교적인 가치에 주목해왔다. 오래전부터 유교적 원리 안에서 고도의 중앙집권과 정밀한 관료세를 훈련해온 것이다. 현대에 이 두 가지는 국가 발전의 필수품이라고 할 수 있다. 한국이 급속한 성장을 이룬 배경에는 중앙집권과 관료제를 천 년간 훈련한 경험이 녹아들어 있다. 제3세계 국가, 신생 독립국의 무더기 실패가 보여주듯 선진 국가체계에 대한 이해는 장기간의 훈련 없이 불가능하다. 한국 사회에 만연한 유교적 가치에 지친다고 푸념하는 한국인이 있다면 너무 고통받지 말기를 바란다. 높은 수준의 물질적 인프라와 치안, 행정을 누리는 데 붙는 이자이기 때문이다.

과격 동물보호주의자들은 죽어가는 동물들에게 전 인류를 대신해서 죄책감을 느낀다. 공장식 축산은 확실히 잔인하다. 누구나 닭과 돼지의 사육환경을 보면 가슴이 아플 만하다. 그리고 지구 환경을 망치는 데 일조하는 것도 사실이다. 그런데 원래 육식은 특권층의 전유물이었다. 동서양의 산과 숲은 오랫동안 왕과 귀족의 사냥터였고 일반인 출입 금지구역이었다(그래서 숲속에 사는 로빈후드는 도적이다). 사냥터의 독점은 곧 육식의 독점이었다. 공장식 축산 이전에는 가축을 잡아먹는 정도로는 단백질을 충분히 보충할 수 없었다. 육식이라는 소수의 특권은 공장식 축산을 통해 민중 전반에 보급되었다. 공장식 축산은 산업화와 중산층의 발달과 뗄 수 없는 관계에 있다. 영양 문제를 해결하지 않고 근대화를 이룰 수는 없다. 바로 이 토양 위에서 동물에게까지 동정심을 느낄 정신적 여유도 자라난다. 고통받은 동물에 무감정한 인간 사회에 분노를 느낀다면, 그것은 일단은 내가 누리며 사는 것에 대한 세금이다.

자기가 속한 사회에 완전히 만족하고 살아가는 사람은 거의 없다. 어디에나 문제는 반드시 있기 때문이다. 나는 이자가 발생한다는 당연한 사실에 대해 이야기하는 중이다. 이자가 좋다거나 옳다는 이야기가 아니다. 내가 자라면서 겪어야 했던 물리적 폭력을 긍정적으로 받아들일 생각은 없다. 폭력은 폭력이고 이자는 이자다. 그러나 문제가 존재한다는 사실, 이자가 발생한다는 사실은 전혀 이상하지 않다.

‡

자신이 세상의 파편이라는 진실 대신 세상의 중심이라는 착각이 삶의 태도인 사람은 쉽게 분노한다. 자신을 세상의 중심에 놓느라 정작 자신의 중심을 잃어버렸기 때문이다. 이런 사람은 무게중심을 잃은 배처럼 흔들리고 풍랑을 만나면 침몰한다. 이들은 사회와 집단을 자신에게 우호적인지 그렇지 않은지로 판단한다.

글을 쓰고 강연을 하는(혹은 강단에 서는) 지식인 중에도 이런 이들이 있다. 그들은 한 쪽 진영에서 욕을 먹으면 지나치게 상처받는다. 자신과 세상이 별개의 존재라는 사실을 몰라서 그렇다. 상처받은 나머지 다른 쪽 진영으로 넘어가면 박수갈채를 받는다. 정치적 담론은 언제나 적진에서 넘어온 귀순 용사를 환영하기 때문이다. 그렇게 '올바른 세상'을 만난 그는 금세 과격한 근본주의자가 되어 무가치한 말을 쏟아낸다.

한국을 기준으로 본다면 우리가 느끼는 부조리는 확실히 뛰어나다고 인정할 수밖에 없는 수도, 치안, 전기, 교통, 통신, 민주주의 위에 있다. 우리를 불편하게 하는 사람들의 존재는 그들로부터 나의 생명과 안전을 지켜주는 법치주의 환경 안에 있다.

우리는 주어진 환경에서 주어진 조건을 가지고 행복을 사냥하며 살아가는 **동물**이다. 재규어는 정글에 가치판단을 하지 않는다. 착한 정글, 못된 정글은 없다. 우리는 재규어처럼 접근할 필요가 있다. 현대인만한 자기애가 없는 재규어는 정글이 자신에게 주어진 선물이라고 생각하지 않는다. 또한 정글이 감옥이라고 여기지도 않는다. 그래서 굶주림과 사고에 괴로워할지언정 원망하지는 않으며, 주어진 환경을 최대한 활용해 사냥한다.

자신을 세상의 중심에 놓으면 살아가며 반드시 상처받는다. 나와 세상은 다르다는 단순한 사실 때문이다. 세상은 내 욕망에 발을 맞춰주지 않는다. 독자 여러분이 여름에 매미와 함께 울어줄 필요성을 못 느끼는 것과 마찬가지다. 반면 자신이 세상의 파편이라는 사실을 잘 아는 사람은 오히려 중심을 가지고 있다. 바로 자신만의 1미터 반경이다. 그는 자신의 반경을 차분히 살펴볼 수 있기에 세상과 타인이 자신의 행복을 방해하기도 한다는 사실을 담담하게 받아들인다. 그는 덜 불행하고, 불행을 잘 감내하며, 행복의 양을 늘릴 준비가 되어 있다.

현대인은 세상을 저주하곤 한다. 남성, 여성, 기성세대 꼰대, 요즘 어린 것들, 미 제국주의, 백인 우월주의 사회, 이놈이나 저놈이나 똑같은 정치권에 분노한다. 하지만 적어도 OECD 국가에 속한 나라의 국민이라면 원금에 비해 이자가 몹시 적다는 사실은 인정해야 한다. 가령 나는 독립운동을 하지 않았음에도 독립국에 살고, 민주화 투쟁을 하지 않았음에도 민주주의 사회에 산다. 당대의 노동자들을 처참한 나락에 떨어뜨린 영국 산업혁명의 도움도 받고 산다. 우리는 지난 세대와 역사의 결과물 위에서 살아간다. 이것은 환경이자 조건이지 옳고 그름이 아니다.

1미터의 반경을 지키기 위해 1미터의 간격을 유지한다

이자는 의무가 아니라 현상이다. 그리고 '있어야만 하는' 현상은 없다. 마음을 바꿔 싫은 사람들을 사랑할 수 있는 정신수행을 하라는 이야기가 아니다. 우리가 사는 환경에서 싫은 요소, 싫은 인간들이 존재하는 것이 당연하다는 사실을 인정해야 한다. 나는 지금까지 겪은 폭력과 부조리에 찬성할 생각이 없다. 독자 여러분도 예컨대 자신과 다른 세대가 싫다고 해서 반성할 필요는 없다. 원래 인간은 인간을 그다지 좋아하지 않는다.

여기 나의 반경 1미터가 있다. 그 밖은 타인들의 반경이자 환경이다. 안과 밖의 결코 합치될 수 없는 이 간격을 심드렁하게 바라볼 수 있어야 한다. 거리를 인정하지 않으면 1미터는 점점 멀어진다. 그렇게 밀어지다 보면 발걸음만으로는 외부에 닿을 수 없게 된다. 인간은 사회적 동물이고, 타인과 우호적으로 접촉하지 않고는 행복할 수 없다.

세상과 타인을 판단하는 기준이 나인 사람은 쉽게 증오에 빠진다. 그러나 반경 1미터 안의 기준에 맞춰주는 1미터 밖이란 존재하지도 존재해본 적도 없다. 나를 기준으로 모든 것을 생각하다 보면 잘못된 세상과 바글거리는 머저리들을 저주하는 습관에 빠진다.

저주하는 습관은 정신건강에 약간이나마 도움이 된다. 하지만 불행의 원인을 외부로 돌리는 행위는 이자 갚는 일을 잊고 평안을 느끼는 것이나 마찬가지다. 저주를 믿게 되면 주객이 전도되어 세상 탓에 점차 불행해진다. 나중에는 하루라도 화가 나지 않는 날이 없게 된다.

가장 중증의 단계는 자신의 분노를 정치, 더 나아가 정의로 착각하는 증상이다. SNS는 매일 분노에 가득 차서 손을 벌벌 떠는 다양한 장르의 진보주의자로 가득 차 있다. 그들은 저주가 질병이 아니라 운동Movement이라고 착각하며 산다.

‡

세상에는 많은 문제들이 있다. 그 문제들은 해결하고, 또 줄여나가야 한다. 그런데 문제가 자기 삶의 주인이 되면 영 곤란하다. 운동은 분노를 줄이기 위해 필요하다. 그런데 자칭 진보 운동가들은 세상이 틀렸다는 결론을 미리 내리고 분노하기 위해 증거를 채집한다. 어떤 페미니스트는 오늘도 아직 체포되지 않은 성범죄자가 멀쩡히 살아 숨을 쉬고 있기 때문에 분노한다. 어떤 동물보호주의자는 오늘도 수많은 정육점이 성업 중이기 때문에 하루도 행복할 수 없다.

해방 후에 운 좋게 득세한 친일파들이 있다는 사실은 분명히 불편한 일이다. 국민의 헌신으로 성장한 재벌이 곳곳에서 전횡을 부리는 것도 사실이다. 그러나 어떤 악인들의 성공이 우리 사회의 정체성을 규정하지는 않는다. 수천만의 인구를 가진 국가는 그보다 훨씬 복잡다단한 체계다. 우리 사회의 민족주의적 진보주의자들은 '뿌리부터 잘못된 대한민국'에 개탄하는 것으로 자신의 정치를 시작하고 완성한다. 그들은 수탉처럼 빨갛게 화병의 벼슬을 세우고 들소처럼 씩씩거린다.

스스로 '어떤 주의자'라고 주장하는 것에는 아무런 내용도 의미도 없다. 행동해서 결과를 만들어내지 않는 한 주장은 주장일 뿐이며, 결국 상상에 불과하다. 분노는 행동이 아니다. 그러나 분노는 차라리 건전한 것인지도 모른다. 훨씬 유치하고 해로운 형태가 있다. "남보다 먼저 뉘우친 자', '남보다 먼저 깨우친 자'가 되는 것이다. 그들은 하나같이 자신의 수준을 따라오지 못하는 사회가 답답해 죽을 지경이다. 이로써 그들은 분노에 더해 정신적 호흡기 장애까지 감내해야 하는 처지가 된다.

나는 정치적 성향이란 것을 가지고 나서 지금껏 진보주의자로 살아왔다. 하지만 언젠가부터 어느 진영에 있느냐로 사람을 판단하지 않는다. 대신 누군가가 자신의 진영을 옹호하고 반대편을 비판하는 방식을 바라보며 그를 판단한다. 내 편이 아니라 지성을 가진 사람을 존중하는 편이 삶을 살아가기에 한결 좋다. 나와 같은 정치적 진영에 있는, 목소리가 유난히 크고 말이 빠른 사람은 보통 화가많이 쌓여 있다. 그는 사실 내 편이 아니라 자기 자신의 편이며, 자기애 때문에 자해하며 사는 사람이다.

지식과 지성은 다르다. 지식과 무식은 단순히 앎의 양으로 나뉜다. 이에 반해 지성과 무지는 자신과 세상을 대하는 태도로 갈라진다. 태도를 어떻게 설정하느냐에 따라 지성인도 무지한 사람도 될수 있다. 그리고 무지에는 불행이라는 이자가 쌓인다. 이자는 복리이며 어느새 원금을 넘어선다.

불완전한 세상에서 어떻게 1미터를 더 이상 늘어지지 않게 붙잡을 수 있을까? 다리에 힘을 주면 뛰어넘는 거리로 유지하기 위해 무엇을 할 수 있는가? 세상도 인간도 사랑스럽지 않은데 말이다.

이제 우리는 마지막 장에서 행복의 기술 상급을 완성할 것이다.

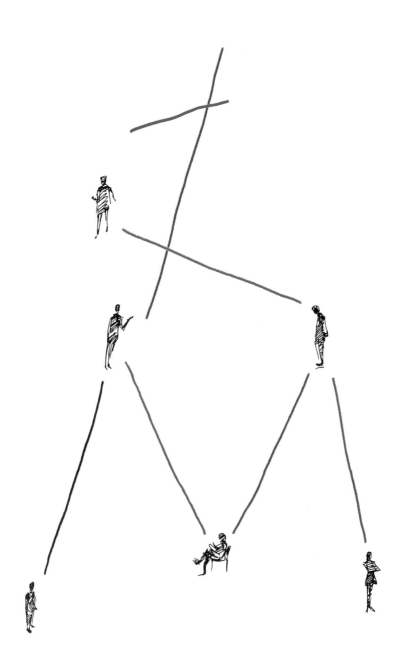

세상에서 가장 가까운 1미터

"슬퍼하지도 조롱하지도 마라.
분노를 키우지도 마라.
그저 이해하라.
이해하려는 노력은 미덕의
처음이자 전부다."

"국가의 존재 목적은 자유로운
시민에 있다."

스피노자 **Baruch Spinoza**

우리는 어디에서 살아가는가? 우리는 우주나 생태계보다는, 아무래도 인간사회를 살아간다. 사회적 동물로 타고난 우리의 행복과 불행은 타인과 사회와의 관계에 몹시 의존한다. 이에 따라 칼 마르크스Karl Marx는 인간을 "사회적 관계의 총체"라고 설명했다. 우리는 사람이 아무리 싫고 지긋지긋해도 결국은 1미터의 거리를 넘어 타인과 부대껴야 숨을 쉬고 살아갈 수 있다.

이 책에서 두 번째이자 마지막 이론을 소개할 시간이다. 앞서 예고한 대로 '세상을 사는 우리 각자의 1제곱미터의 영역 사이는 무엇으로 채워져 있는지'에 대해서다. 즉 인간관계와 사회의 구성 원리에 대한 이야기다. 이 이론 수업은 얼마나 쉽고 짧은지, 그야말로 눈 깜짝할 사이에 끝난다. 결론부터 말하자면 우리의 반경 1미터 사이는 **무가치함**으로 채워져 있다.

세상에서 가장 쉽고 짧은 윤리학

도덕은 인류의 가장 오랜 고민거리 가운데 하나다. 동서고금의 지식인들은 오랜 시간 인간이 왜 착하게 살아야 하는지 설명하기 위해 반복적으로 노력해왔다. 종교는 그 답을 찾기 힘들 때 큰 역할을 했다. 천국과 지옥, 윤회는 아주 분명한 보상의 논리를 갖고 있다.

전통적으로 엄밀한 종교적 시스템이 없었던 동아시아에서는 '하늘'과 '이치'가 나름의 역할을 했다. 여기에 추가적으로 '모름지기', '예부터', '무릇'이라는 퍽 애매한 언어를 사용했다. 모름지기 남의 눈에 눈물 나게 하면 내 눈에 피눈물 나는 것이 세상의 이치이며, 심한 악행에 대해서는 하늘이 용서치 않는 것이다. 이것만으로는 아무래도 모자라서 동아시아는 체면과 평판을 중요시하는 문화를 만들어냈다. 그래서 동아시아의 권력자들에게는 자신이 역사에 어떻게 기록될지가 매우 중요했다.

신이나 이치에 해당하는, 어떤 힘이 사람의 선악을 가려 결국 합당하게 보상해준다는 도덕론에는 한 가지 치명적인 결함이 있다.

보상을 기대하고 착하게 사는 행위가 도덕이 아니라 보상받기 위한 거래가 되어버린다. 그러나 다시 말하지만 우주의 원리는 대가를 정산해주는 은행원이 아니라 무감정하고 무지하다.

내가 아주 착한 사람이라 아무 보상도, 알아주는 이도 전혀 없는 선행을 한다면 어떤가? 나는 선행을 해야만 만족과 행복을 얻는 사람이라면? 그럼에도 도덕은 '좋은 기분'을 얻기 위한 거래라는 사실에서 벗어날 수 없다. 독일철학의 제왕 이마누엘 칸트Immanuel Kant는 이 문제를 해결하기 위해 아무 이유 없이, 단지 그것이 옳다는 이유로 행하는 도덕만이 진짜 도덕이라고 규정했다. 하지만 우리가 칸트의 '진짜 도덕'을 실천하기 싫다면 어쩔 텐가. 우리를 막을 것은 아무것도 없다. 순전히 우리 마음이다.

이제 질문이 조금 더 깊어진다. 과연 절대적인 선과 악이 있는가? 우리가 따라야 하는 보편적이고 객관적인 도덕적 가치가 존재하기는 하는가? 인류는 아름다운 가치가 존재해야만 한다고 가정하고 윤리학을 꾸며내온 것은 아닌가? 질문이 깊고 많은 만큼 윤리학은 매우 복잡한 학문이다. 반면 스피노자의 윤리학은 세상에서 가장 쉽고 짧은 동시에 가장 논리적이다.

쾌락이 있다. 욕망과 욕구가 충족되는 상태다.
불쾌가 있다. 욕망과 욕구가 좌절되는 상태다.

선善은 모든 종류의 쾌락, 그리고 쾌락을 가져오는 모든 것이다.

악惡은 모든 종류의 고통, 그리고 고통을 가져오는 모든 것이다.

이것이 선악의 실체이며 도덕의 전부다. 방금 이 책의 모든 이론 수업이 끝났다.

나의 행복을 위해 타인이라는 지옥을 견뎌라

내게 좋은 게 선이고 나쁜 게 악이라면, 화끈하게 사기를 쳐서 한 탕해도 악은 아니다. 내게는 좋은 일이기 때문이다. 사실 인간이 선해야만 할 근거는 없다. 있다고 말하려면 선악이 절대적이어야 한다. 하지만 상대적이다.

인류는 '살인은 나쁘다'는 일반적 상식을 가지고 살아간다. 하지만 현실에서 어떤 살인은 좋은 살인으로 인정받는다. 전쟁터의 군인은 적을 많이 죽이면 훈장과 명예를 얻는다. 정치인은 국익을 증대시키면 인정받는다. 동시에 세계에선 국익이라는 이름으로 온갖 냉혹한 일들이 벌어진다. 인간은 신체의 자유를 보장받아야 한다고 하지만, 국가권력은 범죄자와 상의하지 않고 그들을 강제로 구금한다. 도덕적 가치는 상대적이다. 철학에서 상대적인 것은, 없는 것이다.

도덕의 환상을 걷어내고 드러난 윤리의 폐허에서 살아남기 위해 우리는 거래를 해야 한다. 내가 남을 강도질할 수 있는 사회에서는 나 역시 남에게 생명과 재산을 강탈당할 수 있다. 보다 사소한 경우도 마찬가지다. 어떤 옷을 입을지 결정할 자유는 누릴 수 있어도, 공공장소에서 옷을 벗을 자유까지는 좀 과할 것이다. 그는 노출증을 참는 대가로 그 역시 타인에게 위해를 받지 않아도 되는 권리를 얻을 필요가 있다.

우리 이기적 인간들은 적당히 타협해야 한다. 타협하다 보면 각자가 되도록 자유롭고 되도록 덜 불편하기 위해 사회계약을 맺은 상태를 필요로 하게 된다. 이것이 시민사회이며 공화국이다. 시민 모두가 계약당사자이기에 공화국의 마땅한 형태는 민주정이 된다. 민주공화정은 모든 개인이 평화롭게 최대한 나름의 행복을 추구하며 살 수 있도록 배려하고 필요할 때에만 간섭하는 조정자여야 한다. 국가 사회는 권리와 책임, 의무의 균형 상태를 유지하고 보수하기 위한 노력을 한다. 이 약속에는 시민 각자의 의무도 포함되어 있다.

달콤하다면 의무가 아닐 것이다. 시민은 타인의 존재를 견디는 법을 훈련해야 한다. 한국의 진보 진영에서 1990년대부터 2000년대까지 유행한 똘레랑스tolérance라는 프랑스어 단어가 있다. 보통 관용으로 번역하지만, 원래의 뜻은 인내에 가깝다. 신체와 삶에 직접적이고 심대한 피해가 없다면 남이 어떤 존재든, 무엇을 욕망하는 존재든 그를 받아들여야 한다. 타인에게 허락하는 공간만큼이 나의 터전이 된다. 똘레랑스가 덕목이 아니라 기술이라는 사실을 잊지 말아주길 바란다.

이제 우리의 이야기는 국가적인 단위까지 흘러왔다.

인간은 태어나지만 시민은 만들어진다

애국심은 말 그대로 국가를 사랑한다는 의미다. 국가에 대한 사랑도 사랑인 만큼 반경 1미터 안을 풍요롭게 한다. 국가 체제 내에서 살아가는 한 애국심은 행복해지려는 사람의 필수품이라고 해도 과언이 아니다. 애국심이 없는 사람은 다른 이들보다 더 자주 그리고 쉽게 불행해진다. 그럼에도 우리 사회는 애국심이라는 단어를 입에 담기가 조심스러운 이상한 문화에 빠져 있다.

특히 진보주의자들은 애국심이 고리타분하거나 심지어 시대착오적이라고 오해한다. 그들은 애국심을 민족주의Nationalism나 국가주의Statism처럼 받아들인다. 애국심은 과거 군부 독재자들이 자신들의 목적을 위해 국민에게 강조하던 대표적인 관념이다. 하지만 그렇다고 해서 애국심을 국가나 민족에 복종하는 마음과 비슷하다고 해석하는 것이야말로, 아직도 군부독재의 영향에서 벗어나지 못하고 있다는 증거다. 애국심은 세련된 감정이며 독립적인 개인의 필수품이다.

애국심이 무엇인지 정확히 정의하려면 먼저 국가란 과연 무엇인지를 따지면 된다. 대한민국을 포함한 민주공화정 국가의 주인은 국민이다. 그렇다면 한국인들은 국가라는 물건을 대략 5,000만분의 1씩 나눠 가지고 있는 걸까? 그렇지 않다. '민주공화국은 국민이 공동구매한 터전이다'라고 표현할 수도 있겠다. 국가의 본질에 직관적으로 다가가기에 좋은 문장이다. 하지만 마지막에 국가를 정확히 이해하는 길은 방해한다.

국가는 물질적인 실체가 아니라 관념이다. 우리는 국가의 3대 구성 요소가 영토, 국민, 주권이라고 배운다. 이 세 가지는 국가에 반드시 필요한 요소지만 국가 자체는 아니다.

만약 전쟁이 나서 대한민국이 패배하는 바람에 국토를 꽤나 잃었다고 가정해보자. 그렇다고 '대한민주공화국'이 '대한민주공ㅎ'정도가 되지는 않는다. 승전해서 국토가 늘어났다고 해서 '대대한민주공화국'이 되지도 않는다. 대한민국은 그대로 대한민국이다. 지진이 나서 청와대와 정부 시설이 모두 무너져 내린다고 해보자. 그렇다고 정부 자체가 사라지지는 않는다. 정부기관이 임시로 올린 천막에서 업무를 본다고 해서 정부가 작아졌다거나, 다른 형태의 정부로 변했다고 할 수도 없다.

물리적으로 존재하지 않는다는 점에서 국가와 국경선은 같다. 국경선은 실제로 존재하는 선이 아니다. 국경선은 '이 선이 우리나라와 귀국의 경계다'라는 약속이다. 그래서 약속에 참여하지 않은 동식물에게 국경선은 아무런 의미가 없다. DMZ의 노루는 자신의 소속이 대한민국인지 조선민주주의인민공화국인지 고민하지 않는다. 만약 국경선이 실존한다면 인간을 제외한 세계에 진짜 영향을 끼쳐야 한다. 하지만 DMZ의 노루를 위협하는 것은 가상의 선이 아니라 지뢰다. 지뢰는 실제로 그곳에 있는 살상무기다.

주권도 마찬가지다. 주권은 군사력과 경제력 등 현실적인 힘을 통해 인정받는다. 하지만 다시 말해 결국 '인정받는' 관념이지 물리적 힘은 아니다. 전차와 군인, 대기업의 공장은 보고 만질 수 있다. 하지만 주권은 어디에 있는가? 대한민국 상공에 둥둥 떠 있는가? 그렇다면 몇 입방미터의 부피를 차지하는가? 기체인가 아니면 액체인가? 대답할 수 없다.

국민은 영토와 주권보다는 확실히 실재한다고 볼 수 있다. 대한민국의 경우 개체 수 약 오천만 마리의 호모 사피엔스가 분명히 생존 중이다. 하지만 오천만 개체가 생명활동을 하고 있다고 해서 자동적으로 존재하는 방식까지 정해지지는 않는다.

인간의 존재 양식은 하나에 국한되지 않는다. 자연적 차원에서 우리 각자는 한 마리씩의 동물이다. 사회적 약속의 차원에서 나는 한 명의 공화국 시민이다. 인간은 사회적 약속의 형태에 따라 시민으로도 백성으로도 존재할 수 있다. 주인으로 존재할 수도 있는 반면 약속에 참여할 권리를 박탈당하면 노예로 존재할 수 있다. 따라서 생명체로서의 나와 시민으로서의 나는 다르다. 혹은 한 존재의 다른 측면이다. 인간은 생명체로 존재하지만, 근대 시민은 약속으로 존재한다. 약속은 인위적이다. 즉 시민은 인위적 존재다.

애국심이란 등을 맞댄 동료와의 우정이다

국가의 본질은 국민의 본질과 다름없다. 국가는 계약이다. 약속의 결과물이 아니라 약속 자체가 국가다. 철학은 종종 문장 하나를 붙잡고 뿌리까지 캐 들어갈 때가 있다. 다음 문장을 한 번 꼬투리 잡아 보겠다.

"대한민국의 헌법은 나라의 모든 권력이 국민으로부터 나온다고 규정한다."

현실에서는 아무런 문제가 없는 말이다. 하지만 철학적 관점에서 '대한민국의 헌법'이라는 표현은 거슬린다. 마치 대한민국이 '보유'한 헌법처럼 보여서다. 이 문장은 이 나라가 헌법을 가지고 있다는 착각을 불러일으킨다. 국가는 헌법의 소유주가 아니다. 오히려 헌법을 포함한 여러 가지 약속 자체가 국가다.

애국심은 약속에 대한 책임감이다. 과거에는 군주가 나라를 지배했지만, 적어도 스피노자에 의해 처음 철학적으로 체계화된 민주주의 공화국이라는 약속 안에서는 법이 국민을 지배한다. 그렇다고 법치주의에 대한 사랑이 애국심은 아니다. 법은 약속 가운데 하나로, 그중에서도 강제적인 약속이다. 우리는 불법행위가 자신에게 해를 끼치기에 법을 준수한다. 법치를 바라보는 마음은 애국심이라고 부르기에 부족하다.

애국심은 법률의 근간이 된 가치를 사랑하는 마음이다. 현대 민주공화국의 가치는 모든 개인의 자유에 있다. '자유'라는 짧고도 커다란 단어에는 두말할 나위 없이 남과 다를 자유, 남과 다를 꿈을 꿀 자유가 포함된다. 백성과 달리 시민은 같아서가 아니라 달라서 하나의 공동체다. 우리는 서로 다를 권리를 지지한다는 점에서 연대할 수 있다.

물론 연대는 거래다. 불교도와 기독교도는 종교의 자유를 물물교환한 사이라고 볼 수 있다. 냉정히 말해 동료 시민을 거래처라고 불러도 무방하다. 하지만 이때 내가 속한 사회공동체가 단골 거래처라는 사실도 동시에 인정해야 한다. 거기서 나고 자랐다면, 부모로부터 명함을 물려받은 거래처이기도 하다. 단골끼리는 가끔 외상을 달아둘 수도 있고 돈을 빌릴 수도 있다. 가게에 불이 나면 함께 물동이를 나르며 끌 수도 있다. 이것이 애국심이다.

요약하자면 애국심은 동료 시민에 대한 우정이다.

우정이라는 말을 연대, 존중, 신뢰 등으로 바꿔 써도 상관없다. 근대 시민의 소양이라 불러도 좋다. 그럼에도 우정이란 단어를 선택한 이유는 사랑의 감정 가운데 하나라는 사실을 분명히 하고 싶어서다. 사랑은 손해를 기쁨으로 바꿔줄 만큼 강력하고 유용하다. 수해 지역에 성금을 보태는 사람은 얼굴도 모르는 사람을 위해 일하며 번 돈을 없애며 충족을 느낀다. 정의보다 행복이 중요하다. 그렇기 때문에 굳이 정의를 포기할 필요가 없다. '모 아니면 도'는 관념일 뿐

현실이 아니다. 하나가 옳다고 다른 하나가 자동적으로 틀려지진 않는다. 행복의 기술은 양자택일을 강요하지 않는다.

애국자는 국가라는 이름으로 내려지는 명령에 의문을 제기할 줄 안다. 동료 시민에 대한 우정은 자기 자신에 대한 사랑과 떨어질 수 없다. 내게 가해지는 억압은 남에게도 가해질 수 있다. 외국인과 외국 문화에 대한 무시도 애국과 상관없다. A를 미워한다고 B를 사랑하게 되는 것은 아니기 때문이다. 외국과 비교하며 우열을 재는 태도 또한 애국은 아니다. 비교우위는 지속적이지 않다. 원래 조국이란 괜찮은 점만큼이나 한심한 부분도 산더미처럼 쌓여 있는 법이다. 타국보다 잘난 부분에서 기쁨을 느끼면 못난 면 앞에서는 악감정이 생기게 된다. 하지만 동료 시민은 언제나 그 자리에 있다. 사랑의 힘은 변치 않을수록, 그리고 변치 않는 것을 향할수록 강력하다.

시민의 소양은 가치가 아니라 도구다

모든 시민이 각자의 방식으로 행복을 추구할 권리를 가진다는 사실을 받아들이는 사람은 애국자다. 그는 자신과 동떨어진 종교관, 성적 지향, 정치관을 가진 동료 시민의 존재를 부정하지 않는다. 타인이 내는 악취에 관대하지 못한 사람은 결국 자기 자신마저 괴롭히게 된다. 무인도로 이사를 가지 않는 한 냄새에서 탈출할 길이 없기 때문이다.

행복한 시민은 걷다가 타인의 반경 1미터를 두른 울타리가 발에 걸리면 짜증내거나 부수려 하지 않고 돌아서 간다. 불행한 시민은 왜 여기에 울타리를 쳤느냐고 성을 낸다. 그러나 타인의 영역을 어찌할 도리는 없다. 그래서 남의 울타리로 인한 스트레스를 자신의 반경 안에 가지고 들어와 어두운 식구로 삼는다.

자신의 분노로 자해를 하는 행위는 진보와 보수, 전통과 유행을 가리지 않는다. 동성애를 바라보는 시선은 진보와 보수를 가르는 대표적인 기준 가운데 하나로 쓰인다. 요사이 동성애를 혐오하는 사람들이 내놓는 창조적인 논리가 있다. '동성애를 하는 것은 자유임을 인정한다. 하지만 동시에 싫어하는 것도 자유다'라는 말이다. 이 말을 하는 사람은 이미 동성애를 싫어할 자유를 실컷 누리고 있다. 싫어하는 마음과 싫어한다는 말은 다르다. 후자의 경우는 동성애자가 자신의 말을 듣고 불편해하기를 바란다. 이것은 공격이다.

싫은 마음과 혐오는 다르다. 혐오는 싫은 마음을 정당화하려는 노력에서 나온다. 좋은 마음과 싫은 마음에 도덕 점수를 매길 수 없다는 사실을 상기하자. 호불호는 정당화하거나 비난할 거리가 아니다. 세상에는 동성애자와는 대화는 물론 1초도 한 공간에 있기 싫은, 동성애를 상상하기만 해도 구역질이 나는 사람도 있다. 이 사람의 마음에는 아무런 도덕적 문제가 없다. 그의 취향은 현대 사회에서 행복을 추구하기에 다소 불리한 조건이지만 결코 죄악이 아니다. 그러나 진보주의자들은 남의 반경 1미터 안에 수사관처럼 들이닥쳐 압수수색을 하려고 한다.

자칭 치열한 진보주의자이지만 사실 사이비인 사람들은 적으로 설정한 이의 기분, 취향, 생각을 취조하듯 물어본다. 자칭 페미니스트, 자칭 소수자 차별반대 운동가, 자칭 동물 보호론자들은 제발 상대가 한 번만 말실수를 해주길 바라는 마음으로 말을 끊어가며 계속해서 공격적인 질문을 던진다. 울타리를 두들기고 문틈에 최루가스를 넣어 강제로 본심을 끄집어내려 한다. 그래서 원하는 대답을 얻으면 검거에 성공했다고 믿으며 득의양양한 표정을 숨기지 못한 채 저 혼자 승리를 선언한다. 진보주의자를 사칭한 극우반동주의자는 상대의 의견과 씨름하지 않는다. 상대의 정체성을 규정하려고 한다. 그리고 배제한다. '그러니까 당신은 신자유주의자라는 거죠?', '그래서 개고기를 먹은 적이 있습니까?', '당신은 마초네요'와 같은 말은 살인사건의 주범임을 인정하라는 다그침이다.

‡

공동체 구성원을 평등한 연대의 대상으로 보는 사람은 의견이 다른 이를 체포하려고 하지 않는다. 체포는 권리가 아니라 권력이다. 권력에 도취된 사람들은 남보다 우위에 서는 쾌감을 더 자주 만끽하기 위해 새로운 죄목을 창조해낸다.

가령 모든 남성을 인류의 적으로 돌린 사이비 페미니스트는 거기서 만족하지 않고 자신과 생각이 다른 여성을 '유사 남성'으로 규정하는 단계로 나아간다. 아버지를 타도해야 할 가부장으로 규정한

다음엔 높은 확률로 식민지 백성 신세나 다름없는 어머니를 계몽하려고 한다. 그러고는 어머니가 무장 독립투쟁을 시작해주지 않으면 아버지와 똑같이 타도의 대상으로 전락시킨다. 같은 의식구조에 의해 진보주의자들은 반동이라고 생각하는 보수 정치인보다, 그들에게 표를 던진 동료 시민을 더 증오한다.

권력은 쾌감을 준다. 팔뚝에 보이지 않는 완장을 찬 진보 선도부원에게는 남들에게 없는 행복이 있다. 그러나 즐거움은 '양심도 지성도 없는' 사회의 낙오자를 검거하는 순간뿐이다. 일상적인 기분과 맞바꾸기에는 손해 보는 장사다. 그 증거로 SNS에서 눈에 띄게 소란스러운 진보주의자들은 자신의 반경 1미터를 증오의 발전기로 개조해 밤낮으로 가동한다.

타인의 반경 1미터는 원칙적으로 자신의 관심 대상이 될 수 없다. 건강한 개인은 남이 자신과 얼마나 다른지에 집착하는 대신 자신의 영토를 채우기 위해 남과 어떤 거래를 할지에 집중한다. 시민의 소양은 가치가 아니라 도구다. 도덕적으로 우월해서가 아니라 내가 행복하기 위해 필요하다.

가장 나쁜 욕망은 욕망을 통제하려는 욕망이다

시민의 행복을 논하기 위한 소재로 잠깐 성을 가져와 보겠다. 성만큼 즉각적인 충동(성욕이든 그 반대의 거부감이든)을 불러일으키는 본능은 드물다. 세상엔 정말이지 다양한 종류의 성적 충동이 있다. 이성애와 동성애는 물론이고 가학적 혹은 피학적인 충동도 있으며 배우자가 바람을 피워주기를 바라는 욕망도 있다. '아내 빼앗기' 혹은 '아내 바치기'인 뻐꾸기 콤플렉스Cuckoldry는 서양에서 거대한 연애 시장을 형성하고 있다.

그에 반해 오늘날 한국에서는 성적인 지향은 물론 성욕 자체마저 금기시하는 문화가 만연해 있다. 그래서 공권력이 국민의 성욕을 가혹하게 통제하는 심각한 문제 앞에서 진보도 보수도 용기가 없기는 매한가지다. 가령 포르노 합법화는 지지하는 쪽이 민망해지는 탓에 공론화가 이루어지지 않는다.

그러나 성욕 가운데 가장 지독한 성욕은 성욕을 통제하려는 욕망이다. 오늘날 전 세계에서 BDSM(구속과 훈육, 지배와 복종, 가학과 피학을 아우른 합성어)은 아마도 가장 섹스를 좋아하는 이들의 취향일 것이다. 간단히 '변태'라는 말로 표현되는 그들의 지향은 한국이 국민에게 하는 짓과 같다.

성에 있어서 한국과 한국인은 변태적인 사도—마조히즘 관계에 있다. 정조대 사용과 오르가즘 금지 등 성욕의 통제는 BDSM의 대표적인 놀이주제 가운데 하나다. 상호합의를 통해 BDSM을 즐기는 사람을 타박할 이유는 하나도 없다. 하지만 통제하는 측이 국가라면, 그것도 한국에서처럼 강제적이라면 이야기가 달라진다.

한국의 공권력은 타인을 강제하지도 않고 자신의 사적 영역에서 이뤄질 뿐인 성적 행위와 소비를 중동의 왕국 수준으로 금지해 놓는다. 감히 시민의 고유한 1미터 안을 건전과 음란으로 나눠놓고, 여차하면 적발해 수치를 주려는 정욕에 취해 군침을 흘리며 시민을 감시한다. 그것은 관음증이다. 핑계가 없지는 않은데, 기껏해야 '미풍양속', '보편적 성 관념', '사회적 통념'에 반한다는 이유다. 그러나 손바닥으로 시민의 볼기를 때리는 성추행을 저지를 순 있어도 하늘을 가릴 순 없다.

현대 한국인은 조선인보다 많은 성적 자유를 누리지만 고구려인에 비할 정도는 아니다. 삼국시대 고구려에서는 남녀가 눈이 맞으면 즉시 성관계를 맺었다. 이중에 어느 '미풍양속'이 더 우수할까? 시대별 미풍양속을 정리해 평균치라도 내야 할 일인가. 시대에 따라 상대적으로 달라지는 통념은 진리를 꺾을 수 없다. 현실에서는 통념이 진리를 이기는 것처럼 보이지만 통념은 우리가 보는 시야에서만 철학이 추구하는 진리의 표면을 가까스로 덮고 있다.

진정한 미풍양속은 단 하나, 행복할 자유다. 그러므로 성적 취향뿐 아니라 다른 모든 분야에 있어서도 타인의 욕망을 존중하지 않으면 안 된다. 욕망을 실현하는 수단에는 불법이 있을 수 있지만 욕망 자체는 언제나 무죄이기 때문이다. 욕망에 대한 존중은 존재에 대한 존중이다.

존중은 둘도 없이 쉽고 간단한 일이다. 길거리에 가로수가 있듯 타인은 존재하며 그에게는 나와 다른 욕망이 있다. 누구나 가로수를 보고 '저기에 나무가 있다'고 인정한다. 저기에 타인이 있고 그는 신성불가침한 영역을 소유하고 있지 않은가? '그렇다'라고 고개를 끄덕이면 된다.

행복해져라, 그러면 저절로 성숙해질 것이다

타인의 존재를 불편해하는 것은 현상이다. 그저 일어나는 일이다.
타인의 존재와 욕망을 부정하는 것은 실수다. 실수는 불필요하다.

행복할 준비가 된 시민은 타인의 고유한 반경 안에 기괴해 보이는 내용물이 놓인 풍경에 분노하지 않는다. 그저 눈을 돌린 후 신경을 끈다. 사소해 보이지만 이 사람은 방금 괴로움과 미움을 최소화한 채 재빨리 거래를 마쳤다. 그 대가로 자신의 지향을 존중하라고 주장할 권리를 얻었다. 내부적으로는 자신의 반경 1미터와도 거래했다. '남의 것이 아닌 내것인 너에게 시간과 감정을 집중하겠다'는 계약이다.

불행이 자신의 반경 안에 있을 때는 조정과 관리가 가능하다. 하지만 원인을 외부로 돌리면 그때부터는 해결이 불가능하다. 법을 준수하는 한 타인의 존재를 지울 방법이 없다. 현명한 사람은 자기 자신을 위해 동료 시민에 대한 미움을 줄이고 최대한 그들의 자유를 두둔하려고 한다. 이를 때로는 선의의 해석, 때로는 호의의 원칙 Principle of charity이라고 부른다. 행복의 기술은 복잡하지 않다.

성숙한 개인이 되려 하지 말고 행복해지려고 하라. 그러면 저절로 성숙해질 것이다.

냉정과 열정은 다른 말이 아니다. 인간에 대한 이해, 시민 사회에 대한 뜨거운 애정은 냉정한 거래의 기술에서 나온다. 궁극적으로 계산과 포용은 같은 말이다. 여기서 중요한 것은 체온의 정도가 아니라 체온을 발휘하는 방식이다.

타인에 대해 너무 냉혹하거나 반대로 지나치게 열성적인 이들이 있다. 그들은 정의를 위해서라고 주장하지만 사실은 자신을 위해 특정한 구성원이 사회에 존재해서는 안 된다고 악을 쓴다. '사람'이라는 존재가 아니라, 사람을 '지우는' 데 열정을 바치는 것이다.

그들은 스스로의 미성숙함을 인정하지 않기 때문에 자신이 남보다 성숙한 시민임을 증명하려 애쓴다. 그러나 그 방식이란 것이 타인의 인간성을 인정하지 않는 것이기에, 결국에는 인정받고자 노력하다가 본인의 인간성을 잃어버린다. 타인을 가리킬 때 미개, 교정, 계몽, 아웃out, 나가 죽으라는 따위의 표현이 입에 붙게 된 사람에게는 장기적인 불행이 틀림없이 예약되어 있다.

필요한 만큼만 견디는 기술

많은 이들이 행복을 추구하기 위해 불행해진다. 싫은 사람의 존재를 견뎌야 한다는 사실을 받아들이면 그 사실만큼만 괴롭다. 반대로 주어진 견딤을 받아들일 수 없다면 더 많은 고통을 견뎌야 한다.

타인의 존재가 문제라고 생각하는 순간부터 우리는 본격적으로 고통받는다. 그때부터 좀비처럼 보이는 사람은 진짜 좀비가 되어 눈앞에서 영생한다.

도덕성을 추구하는 행위 자체에는 문제가 없다. 다만 비도덕적 세계인 1미터를 가로질러 도덕의 세계로 나아가는 사람은 긴장할 필요가 있다. 미지의 지역을 탐험하려면 도덕적인 사람이 되려다가 부도덕해지지 않기 위해 조심해야 한다. 오늘날 진보주의자들이 가식적이라고 비판받고 나아가 매도당하기까지 하는 이유는 그들이 특별히 비겁한 인격을 가져서가 아니다. 도덕적 우월감이라는 함정에 빠지기 쉬운 위치에 있기 때문이다. 스스로를 의심할 줄 모르는 태도가 습관이 되면 결과적으로 분노가 쌓인다.

가짜 진보주의자들은 언제든 견디지 못하고 폭발할 만반의 준비를 마쳤음에도 똘레랑스라는 단어를 좋아한다. 그들은 투표하는 후보가 다르다는 이유로 특정 세대가 빨리 죽어서 사라져야 한다고 언성을 높이고, 때로는 자신과 성별이 다르다는 이유로 인구의 절반과 대화하기를 거부한다. 탄핵당해 쫓겨난 대통령에게 투표했던 유권자, 가부장, 마초, 동성애 혐오자, 개고기를 먹는 사람, 성적 대상화를 자행하는 인간, 신자유주의자, 유흥업소 출입자, 교통법규 위반자, 토착왜구, 성도착자를 적발하기 위해 배고픈 하이에나처럼 두리번거리며 21세기를 배회한다. 약간의 꼬투리라도 발견되면 짐승의 썩은 고기 냄새를 맡고 빛의 속도로 몰려든다. 그렇게 경쟁자들 사이를 비집고 고개를 내밀어 간신히 피 몇 방울을 맛본 뒤 다시 갈증에 시달리기 시작한다.

‡

사이비 보수주의자의 고통은 진보의 갈증과는 양상이 조금 다르다. 이들은 자신의 고유한 반경을 함부로 넓힌다. 자기만의 상상 속에서 다른 사람들의 반경을 삼켜버린다. 그러고서 마음에 들지 않는다는 이유로 뱉어내려고 한다. 함부로 자신의 영토임을 선언한 다음 멀쩡한 타인을 불법 세입자라고 주장한다. 하지만 강제퇴거 명령을 들어줄 사람은 없다. 이때의 고통은 눈에 가시가 걸린 상황과 같다. '전국의 800만 빨갱이', '빨갱이 적출 수술' 운운하는 전설적인 발언의 사고구조는 망상 속의 눈엣가시다.

보수주의자들은 세상을 비정하게 해석하는 경향이 있다. 인류 사회가 이상적일 것이라는 희망을 진보주의자보다 빨리 접는 편이다. 세상은 이상향보다는 정글에 가깝기에 경쟁은 당연하며, 경쟁의 결과를 인정해야 한다고 믿는다. 타고난 성향일 수도 있고 믿음일 수도 있다. 여기까지는 별다른 문제가 없다. 하지만 경쟁의 결과가 옳다고 착각하면 비옥한 토지에 고통의 씨앗이 떨어진다. 경쟁의 결과는 옳지도 그르지도 않다. 그냥 결과다. 세상에 대한 해석은 자유지만 해석이 곧바로 신념이 되어서는 곤란하다.

한국에서 사이비 보수의 대표적인 기준 가운데 하나는 일본에 대한 태도다. 제국주의에 침탈당한 식민지 백성의 후손으로서 한국인이 일본에 일정 수준 이상의 악감정을 가지는 거야 자연스러운 현상이다. 하지만 자신을 냉정한 현실주의자로 착각하는 초현실주의자는 일본에 대한 국민의 일반적 태도를 견디기 힘들어 한다. 약자를 침탈하는 강자의 행위가 당연함을 넘어 옳다고 믿기에 그들은 피해자인 조국을 타박한다.

사이비 보수주의자는 일본이 한국보다 강대국이라는 건조한 사실로부터 일본이 옳다는 정치적 신념을 도출한다. '무지한' 동료 시민들의 조롱을 받을수록 그는 한국을 저주하고 일본이라는 대안을 사랑하게 된다. 그 결과 무역 분쟁에서 상대국을 응원하고 자신이 속한 사회공동체가 정신을 차릴 수 있게 일본이 본때를 보여줘야 한다는 말을 하기에 이른다. 이런 사람들의 마음속에는 불만이 가득하다.

좌우 진영에 상관없이 사이비는 두 가지 간단한 진실을 견디지 못한다.

"나는 남들만큼 멍청하고 남들은 나만큼 똑똑하다."
"나는 남들만큼 사악하고 남들은 나만큼 선량하다."

사이비 정의가 괴롭히는 대상은 자기 자신이다. 좌우 양극단에서 서식하는 정의의 사도들은 가끔씩 서로 마주치는 탓에 우리에게 재미난 싸움 구경을 제공해주지만, 정작 자신들은 끈끈한 고통의 동지라는 사실을 전혀 자각하지 못한다. 또한 상대의 오류를 드러내기는커녕 자신의 바닥을 보여준다. 스피노자의 말대로 "바울이 우리에게 베드로 이야기를 하면, 우리는 베드로보다 바울에 대해 더 많이 알게 된다." 그러므로 매일같이 공동체 구성원을 범죄자나 미개인으로 고발하는 정의의 선도부원들은 실은 자기 밑천을 훤히 드러냄으로써 스스로를 공개처형한다.

스스로 지성인이라고 의심 없이 자부하는 사람일수록 행복의 길에서 이탈할 가능성이 크다. 그들은 자신이 남들보다 많이 안다고 믿지만, 사실은 사람을 미워할 이유와 미워할 사람을 찾는 데 반경 1미터의 자원을 낭비할 만큼 무지하다. 배고픈 동물이 먹이를 찾듯이 무지한 사람은 자신의 증오를 정당화해줄 억지에 집착한다. 그리고 매일같이 몸을 떨며 분노할 수밖에 없는 소식을 물색한다.

이렇듯 불행의 길은 바쁘고 고단하다. 반대로 행복을 위해 설정해야 할 태도는 너무나 간단하다. 타인을 이해해 보려는 노력이다.

이해를 이해한다는 것

사회에는 개인 사이의 직접적인 거래뿐 아니라 사회적 거래가 존재한다. 사회적 거래는 성별 간에, 세대 간에, 계급 간에 이뤄지곤 한다. 법적으로 명시된 거래도 있고 암묵적인 거래도 있다. 암묵적 거래의 예를 하나만 들어보겠다.

보수적인 성 관념을 가진 마초적인 남성은 양성평등을 신념으로 내재화한 남성과 비교해 여성을 구하기 위해 불타는 건물에 뛰어들 가능성이 높다. 남성의 신체가 여성보다 평균적으로 강인하다는 사실은 별로 중요하지 않다. 근력이 세다고 몸이 내연 재질로 만들어진 것은 아니기 때문이다. 이 남성의 행동은 여성에 대한 전통적인 우월감과, '보다 나은' 인간이 그보다 못한 인간을 도와야 한다는 현대적인 교양이 결합된 결과다. 거친 개척의 시절을 겪은 '현대국가'인 미국에서 위험을 무릅쓰는 영웅적인 남성이 자주 등장하는 현상은 우연이 아니다.

　여권신장의 시대에 남성이 여성을 구해야 한다는 관념은 낡은 가치다. 그러나 낡은 가치도 가치다. 어떤 이유를 대더라도 남을 돕는 행위가 헌신임을 부정할 수는 없다. 마찬가지로 이와 같이 헌신적인 남자가 집안에서 처자식을 억누르는 독재를 자행한다면 낡은 악이다. 한 사람 안에 같은 이유로 얼마든지 헌신과 폭력이 공존할 수 있다는 사실을 받아들이지 못하는 사람들이 있다. 그들은 '양성평등주의자는 악행을 저지를 수 없다'는 수준의 글까지 쓴다. 다시 말해 그들은 놀랍게도 문맹이 아니다. 그들은 글쓰기는 이해했지만 인간에 대한 이해는 없다.

　이해란 두둔하는 행위가 아니며 비판을 거두겠다는 결정도 아니다. 존중할 준비를 지닌 태도가 이해다. 이해는 그 대상이 지금보다 현명한 사람이 될 수도 있고 반대가 될 수도 있다는 가능성 모두를

염두에 두는 것이다. 혹은 타인에게 자신의 눈에 띄지 않는 숨겨진 측면이 있다는 사실을 잊지 않는 것이다. 이해는 개인의 인격과 욕망, 한계까지도 있는 그대로 세상의 그럴듯한 손님으로 인정하는 마음이다. 인간은 함부로 버려도 되는 물건이 아니라는 믿음이다. 여기서 나는 태도, 염두, 마음, 믿음과 같은 단어를 선별해 사용하고 있다. 이해는 앎이 아니라는 사실을 분명히 하기 위해서다.

이해를 이해하지 못하는 시민은 괴롭다. 동료 시민을 선과 악으로 가르는 작업에 지능을 소모하느라 정작 가장 중요한 자신의 반경 1미터를 방치하는 사람은 국가라는 환경을 올바로 이용하지 못한다. 국가의 존재 목적은 시민의 자유에 있기 때문이다. 타인의 존재와 욕망의 자유를 인정하는 시민은 증오에 구속되지 않고 자신의 자유를 확장한다.

비극 속에서 살아남기

솔직히 인정해야겠다. 시민의 소양과 이해는 기술의 일종인 만큼 좋은 환경에서 학습할수록 쉽게 숙련된다. 운석이 떨어져 공룡이 멸종한 것처럼 반경 1미터에 비극이 투하되면 결코 좋은 환경이 되지 못한다. 비극은 자유와 행복을 심각하게 방해한다. 다름 아닌 나의 얘기다. 나는 심적으로든 물리적인 고통 탓이든, 더 이상 삶을 이어나갈 도리가 없는 사람에게 삶을 강요해선 안 된다고 생각한다. 누누이 강조하지만 삶은 행복하기 위해 존재하기도 하거니와,

이해는 이해할 수 있는 대상에 쓰기에는
적합하지 않은 모순적인 말이다.
다 이해한 것에 대해,
우리는 그냥 안다고 한다.
이해의 노력은 잘 이해되지 않는 사람을
대상으로 한다.

그러므로 이해라는 말의 올바른 용례는
'이해했다'가 아니라 '이해한다'다.

개인적인 경험 때문이다.

아버지는 해병으로 월남전에 참전하셨고, 전역 후에는 민주화 투쟁을 하다가 이름을 바꾸고 긴 도피 생활을 한 전력이 있다. 사회 생활을 하는 내내 이때 만든 가명을 본명처럼 사용하셨다. 아버지에게 참전과 민주화 투쟁은 같은 의미의 애국이었다. 고엽제 피해, 총상과 민주화 투쟁의 고난도 똑같은 애국의 대가였다.

나는 국가유공자의 자식으로 군역을 면제받을 수 있었다. 하지만 '이익을 바라고 애국하지 않았다'는 아버지의 호통에 군 생활을 모두 채울 수밖에 없었다. 결과적으로는 몹시 자랑스러운 일이었다(하지만 자부심에 못 이겨 생애 첫 책의 작가소개란에 '육군 병장 만기 전역'이라고 쓴 점은 두고두고 후회한다. 친구들에게 어찌나 놀림을 받았는지 말도 못 한다. 출판물이라 말을 바꾸고 우길 수도 없었다. 이 고통은 악마의 혀를 가진 친구 놈들이 나를 남겨두고 다 죽거나 아니면 내가 먼저 이 세상을 떠나야 끝날 것이다).

군을 전역한 다음에는 대학을 다니며 교사 임용고시를 볼 계획이었는데, 국가유공자 자녀 가산점에 힘입어 합격할 자신이 있었다. 아버지는 '남의 자식 하나 떨어트리려고 애국하지 않았다'며 만류했다. 사실 아버지가 임용고시 응시를 말릴 수는 없었다. 내가 시험을 보겠다는데 어쩌실 것인가. 아버지의 국가관에 동의할 필요도 없고, 동의하지도 않았다. 하지만 아버지가 한 명의 시민으로서 드러낸 품위는, 두 번째 바람도 들어드릴 만하다고 생각하게 했다.

이기심과 달리 애국심은 자주 배신당한다. 세월이 흐른 후 흔히 '안방의 세월호'라고 불리는 사건이 집안에 침입해 어머니를 찔렀다. 길고 고통스러운 암살이었다. 어머니는 병상에서 돌아가시기까지 결코 짧지 않은 시간동안 비현실적인 고통을 감내해야 했다. 최대한 생물학적 생존 기간을 연장한다는 현대의학의 접근법은 어머니의 마지막 남은 인간적 존엄성을 철저히 파괴하고 조롱했다. 마지막 몇 주는 너무나도 심했다. 가장 비인간적인 실험실의 동물도 그 정도의 고통을 강요받지는 않을 것이라고 장담한다. 이 우주에 그렇게까지 고통스럽게 연장되어야 하는 생은 없다. 어머니의 최후는 생명에 대한 모독이었다.

‡

어머니의 장례를 치른 후 나는 타고난 성격 일부가 파괴되었음을 느꼈다. 전보다 성격이 침울해졌고 다시는 이전의 낙천성을 완전히 회복할 수 없음을 깨달았다. 어머니의 고통과 죽음이 가습기 살균제 사망사건이라는 범죄에 의한 결과라는 사실을 마침내 알게 됐을 때 내 분노와 증오가 어떤 것이었는지는, 이 책의 품위와 독자 여러분의 기분을 위해 쓰지 않겠다. 명색이 작가가 본업인데도 간병 기간을 포함해 7년간 신작을 내지 못했다. 그간의 정신상태가 어느 지경이었는지에 대해서도 같은 이유로 말을 아껴야겠다.

국가는 식물처럼 멈춰 있었다. 정부는 암살을 방치했고 가끔 움직일 때에는 오히려 범죄에 동조했다. 나는 수 년 간 이 나라를 혐오했다. 국가란 나에게 무엇인가를 생각하다가 몇 번인가 화장실 변기를 붙잡고 구토했을 정도의 혐오였다. 아무리 질문과 풀이를 반복해도 처음부터 애국심 따위 결단코 갖지 말았어야 했다는 답안에서 빠져나갈 도리가 없었다. 사건의 범죄자들이 포함된 한국인이라는 집단을 동료 시민으로 인정하기도 힘들었다.

　사람마다 인내심의 크기가 다르겠지만 내 경험에만 비추어본다면, 상의하지 않고 찾아온 비극 속에서 행복을 추구하는 자유로운 시민이 되기란 불가능에 가까웠다. 오래된 전공으로 되돌아가 철학사를 복습하다가 스피노자와 재회했다. 그의 도움으로 행복의 기술을 공부하면서 1미터라는 방법론을 발견할 수 있었다. 행복의 기술을 전한다는 이유로 내가 기술의 고수라고 여겨질 수도 있겠지만 사실이 아니다. 불행하기 때문에 기술이 필요했다.

외부를 사랑하는 내부

반경 1미터 외부에서 불행이 쳐들어왔는데도 외부를 증오하지 않을 수 있는 힘은 철학에 있다. 스피노자는 자신을 저주하고 추방한 이웃들을 증오하지 않았다. 그는 타인을 이해의 대상으로 보았다. 그의 시각에 따르면 그들에게는 그들만의 이유가 있었을 것이다.

　스피노자는 네덜란드 사회에서 그 누구보다 참혹한 탄압과 조롱을 받았다. 그는 자기 시대에서 유일신을 부정하면 사랑받지 못하리라는 사실을 알고 있었지만 반경 1미터 밖이 아닌 안을 선택했다. 스피노자는 행복의 기술을 터득한 사람이다. 그래서 그는 자신을 탄압한 네덜란드를 사랑했다. 스피노자가 감내한 억압은 곧 기회이자 조건이기도 했다. 유럽 사회는 스피노자를 혐오했지만 그에게 훌륭한 교육과 그의 철학을 이해할 독자들을 베풀었다. 스피노자는 억압이 한편으로는 그 나름의 비옥함이 주어진 환경이기도 하다는 사실을 알았다.

그의 애국심은 동료 시민에 대한 사랑이다. 스피노자는 종교관에 있어 자신을 증오하는 네덜란드인일지라도, 국익을 위해서는 얼마든지 손을 잡을 동료라는 점을 잊지 않았다. 당대 유럽인은 모두가 모태신앙을 가진 기독교인들이었다. 스피노자는 그들이 주어진 환경과 후천적 경험에 의해 자신을 미워할 수밖에 없는 한계를 이해했다. 오랜 렌즈 세공으로 폐에 유리가루가 쌓여 40대의 나이로 요절할 때까지, 그는 평온한 미소를 잃지 않는 사람이었다.

스피노자는 시민공동체를 위해 죽어야 할 수도 있다고 생각했다. 네덜란드 공화파의 지도자 얀 더 비트 형제가 분노한 폭도들에게 끌려나와 찢겨 죽었을 때다. 네덜란드는 프랑스에 침공당한 상태였는데, 시민들은 이를 공화파의 집권 탓이라 여겼다. 현재 네덜란드 왕가인 오라네Oranje 가문은 탁월한 군사적 능력으로 독립을 이끌었다. 오라네에 대한 충성심이 되살아난 시민들은 동시에 공화파 지도자에게 타오르는 분노를 느끼며 폭도로 돌변했다.

스피노자는 '극단의 야만인들'이라는 제목의 대자보를 써서 얀 더 비트 형제를 죽인 폭도들이 있는 곳으로 뛰쳐 나가려고 했다. 하지만 폐병에 시달리던 스피노자는 평소 그를 존경하던 하숙집 주인에게 간단히 제압당해 문밖에 나서지도 못했다. 철학자가 몸싸움에 져서 목숨을 건졌다는 코미디 같은 결말이지만 여기서 사회 공동체에 대한 스피노자의 태도를 알 수 있다. 그는 겨우 사회적 경각심을 약간 불러일으키기 위해서 자신이 죽어도 된다고 믿었다.

건전한 민주주의자는 민주주의를 받들어 모셔야 할 숭고한 가치로 착각하지 않는다. 그는 민주주의가 거래의 도구에 불과하다는 사실을, 그것도 가치가 아니라 이익을 거래하는 도구라는 사실을 잘 안다. 그럼에도 불구하고, 아니 바로 그렇기 때문에 진정한 투사는 그것을 위해 자신의 목숨을 건다. 가치가 아닌 이익이기에 지출과 수익을 계산할 수 있다. 공동체를 위한 헌신으로 자신을 더 행복하게 한다는 답이 산출되면 계산대로 행동하는 것이다.

공동체를 사랑하는 사람이 자신보다 구성원의 이익을 우선하는 순간이 있다. 이는 사랑하는 연인에게 무엇이든 해주고 싶은 마음과 같다. 사랑의 형태는 다양하지만 그 원리는 모두 같다. 전태일 열사는 자신은 굶어가며 비참한 처지의 여공들에게 풀빵을 사주었다. 그는 결국 노동자들을 위해 자신의 몸에 불을 붙였다. 그의 반경 1미터는 생물학적인 생존과 번식의 욕구와 충돌하는 내용물로 채워져 있었다. 전태일 열사는 자신의 고유한 영지를 지키는 선택지를 골랐다. 생물학적으로는 어리석은 행동이다. 그러나 어리석은 행동이야말로 자유인의 특권이다.

아무도 합리적 선택을 도전이라고 하지 않는다. 우리 모두가 도전을 감행할 의무는 없다. 그러나 모험가를 무시할 권리는 더더욱 없다.

다시, 행복은 기술이다

증오는 행복을 잠식해 불행으로 변이시킨다. 너무나 괴롭기 때문에 가해자를 용서하는 피해자들이 있다. 존중할 만한 선택이다. 하지만 나는 동물계 척삭동물문 포유강 식육목 개과 개속 회색늑대종 개아종 수컷의 생식기관 같은 사건의 범죄자들을 용서할 생각 따위는 전혀 없다. 다만 부적절한 표현에 대해 애견인들의 용서를 빈다.

나는 행복의 기술을 알게 된 행운 덕에 다른 방법을 찾을 수 있었다. 비극이 이유 없이 돌연 누군가를 폭격할 수 있다는 사실, 그게 나일 수 있다는 사실, 비극 속에서도 행복을 추구할 자유가 있다는 사실, 규약을 어기는 범죄자들이 언제나 인류의 일부였다는 사실, 한국은 나를 억압하고 비극을 떠안겼지만 한편으로는 나를 키워낸 내 삶의 토대라는 사실, 한 명의 시민이기 위해서 피해자들이 받는 고통에 비해 너무나 가벼운 처벌을 집행한 법을 존중해야 한다는 사실, 글쓴이가 겪은 비극이 다행히 다른 많은 동료 시민들을 피해 갔다는 사실을 하나씩 차례로 받아들이고 소화해야 했다.

나는 반경 1미터 안에 침공해 똬리를 튼 비극을 지울 수 없다는 사실을 받아들이기로 했다. 떨칠 수 없는 분노와 슬픔을 관리하기 위해 상상력을 발휘해 이 어두운 덩어리에게 모양과 움직임을 입혔다. 울렁대는 검은 덩어리는 사람 모습을 한 그림자가 되었다. 이 그림자는 몇 발짝 거리를 두고 나를 따라다닌다. 이놈을 가끔씩 물끄러미 바라본다. 잊기도 하고 의식하기도 한다. 언제나 거기에 있지만 등에 업히지 않도록 지켜보며 살아간다. 이 작업에 2년이 걸렸다. 그 결과 나는 보통의 생활인으로 부활할 수 있었다. 그리고 문득 깨달았다.

삶은 부활이다. 고유한 반경 안에 고통의 재료가 매일같이 흘러들어오는 우리는 매일 부활해야 한다. 부활이란 오늘도 행복해질 준비를 마치는 것이다. 행복의 기술은 성자가 깨달음을 얻듯이 한 번 암기하면 영구적으로 남은 삶을 책임지지 않는다. 마술이 아니라 기술이며, 기술은 반복적으로 사용하기 위해 습득한다. 삶이 계속된다는 것은 곧 문제가 이어진다는 의미다. 그러므로 행복의 기술은 일용할 양식이자 매일의 노동이다. 잊을 만하면 인기척을 내는 검은 그림자를 바라보는 시선과 같다. 반경 1미터는 일터다. 슬프게도 우리는 매일 작업해야 한다. 바꿔 말하면 다행스럽게도 매일 손볼 수 있다.

이제 이 책에 수록된 마지막 기술을 소개하겠다. 즉각적으로 효과가 나타나는 탓에 어디까지나 기술인데도 마술처럼 보이는 요령이 하나 있다. 이 요령으로 불행의 무게가 당장 줄어든다. 얼마 안 되는 양일지언정 줄어드는 것만은 확실하다. 바로 지금 이 순간부터 행복해지기로 결심하는 것이다. 그리고 이제 우리는 이기적인 인간이 되는 가장 현명한 방법이 무엇인지 안다.

이해와 사랑이다.

참고문헌

B. 스피노자, 《신학—정치론》, 강영계 옮김, 서광사, 2017

ㅡ, 《스피노자 서간집》, 이근세 옮김, 아카넷, 2018

ㅡ, 《신과 인간과 인간의 행복에 대한 짧은 논문》, 강영계 옮김, 서광사, 2016

ㅡ, 《에티카》, 강영계 옮김, 서광사, 2007

ㅡ, 《정치학 논고》, 강영계 옮김, 서광사, 2017

ㅡ, 《지성개선론》, 강영계 옮김, 서광사, 2015

알렉상드르 마트롱, 《스피노자 철학에서 개인과 공동체》, 김은주 외 옮김, 그린비, 2008

Benedictus De Spinoza, *Ethics*, W.H. White / A.H. Stirling, Bibliophile Books, 2001

Steven Nadler, *Spinoza: A life*, Cambridge University Press, 2001

내가 행복해지기 위한 최소한의 조건

1미터 개인의 간격

1판 1쇄 발행 2020년 9월 16일
1판 3쇄 발행 2021년 10월 14일

지은이 홍대선
펴낸이 고병욱

책임편집 허태영 **기획편집** 김경수
마케팅 이일권 김윤성 김도연 김재욱 이애주 오정민
디자인 공희 진미나 백은주 **외서기획** 이슬
제작 김기창 **관리** 주동은 조재언 **총무** 문준기 노재경 송민진

펴낸곳 청림출판(주)
등록 제1989-000026호

본사 06048 서울시 강남구 도산대로 38길 11 청림출판(주)
제2사옥 10881 경기도 파주시 회동길 173 청림아트스페이스
전화 02-546-4341 **팩스** 02-546-8053

홈페이지 www.chungrim.com
이메일 cr2@chungrim.com

ⓒ 홍대선 2020

ISBN 979-11-5540-173-6 03100

———